Planet Armenien

W0105506

Hay Media Verlag

JOCHEN MANGELSEN

PLANET ARMENIEN
PILGERN IN UNBEKANNTEM LAND

EINE TEXT-COLLAGE

mit Zeichnungen von
MARIETTA ARMENA

Erste Auflage September 2011

© 2011 by Hay Media Verlag, Frankfurt am Main

www.hay-media.de

© Zeichnungen / Cover / Gestaltung by Marietta Armena

Die Deutschen Bibliothek verzeichnet diese Publikation in der Deutschen Nationalbibliografie; detaillierte bibliografische Daten sind im Internet über http://dnb.dbb.de abrufbar.

ISBN: 978-3-86320-012-1

für meine beiden Engel
Ella-Anahit und Massis

PROLOG

Stell dir vor, es gäbe dieses Land wirklich.

Stell dir vor, es gäbe ein Land, das Armenien heißt und Armenien ist, und du könntest es bereisen – einen Fuß dort irgendwo fest am Boden verankern und dann Schritt für Schritt von Süd nach Nord wandern, von Ost nach West, auf den Jahrtausend alten Spuren der Mönche von Kloster zu Kloster und auf den hundertjährigen Spuren derer, die der osmanischen Schlachtbank entfliehen konnten, um irgendwo auf der Welt eine neue Heimat zu suchen.

Aber dieses Land ist nur eine Phantasie. Es existiert in unseren Köpfen, auf dem Globus finden wir es nicht. Wo sollten wir denn die Bremer Künstlerin ansiedeln, die aus Jerewan stammt, deren Großeltern am Van-See in Ostanatolien zu Hause waren? Oder meinen Freund aus Leipzig, der von den Fettschwanzschafen in den Dörfern seiner syrischen Heimat schwärmt? Oder meine armenische Schwiegermutter, die ihre ersten glücklichen Kinderjahre in der Gegend von Täbris im Iran verbrachte und auf ihrer jahrelangen Flucht von einer Karriere als Tänzerin in Moskau träumte? Und da ist noch die Übersetzerin, die in St. Petersburg auf Aufträge wartet, oder der Buchhalter aus Teheran, der sich in Kalifornien durchs Leben schlägt und alle paar Monate in die Glitzerwelt von Las Vegas eintaucht – in der trügerischen Hoffnung auf den Jackpot.

Was also ist Armenien? Gibt es dieses Land überhaupt? Und wenn ja, wo? Heute ist das nur auf den ersten Blick einfach zu beantworten: Es gibt ja die Republik Armenien, eine der drei Kaukasusrepubliken neben Georgien und Aserbeidschan.

Auf den zweiten Blick aber schwindet jede Sicherheit. Um das Phänomen Armenien verstehen zu können, müssen wir ein wenig in die Geschichte gehen. Auf alten Karten findet man noch das so genannte armenische Hochland, das sich über ganz Ostanatolien rechts bis in Richtung Aleppo und links bis zum Taurusgebirge und hinüber zum persischen Urmia-See zieht. Hier waren die Armenier beheimatet, trotz insgesamt fünf glanzvoller historischer Episoden als Königreich doch immer wieder unter fremder Herrschaft und ohne souveräne Staatlichkeit. Erst in den Anfang Zwanziger Jahren des vergangenen Jahrhunderts entstand mit der ersten armenischen Republik ein Nationalstaat moderner Prägung - und auch da nur für einen Zeitraum von gerade einmal zwei Jahren. Dann kam irgendwann ein Stalin daher, schnitt mit blutiger Schere die Provinzen Karabagh und Nachitschewan aus der armenischen Landkarte und klebte sie Aserbeidschan ans Hemd.

Karabagh hat sich gerettet und seine Selbstständigkeit erkämpft, wir aber haben damit ein weiteres Definitionsproblem: Was ist Armenien? Es gibt Armenien! Aber es ist eben dreierlei: ein kleines Land von gerade einmal drei Millionen Einwohnern, dazu eine winzige nachbarschaftliche Republik und dann auch noch die Idee einer alten, einer verlorenen Heimat. Diese verlorene Heimat, die Diaspora, zählt noch einmal knapp zehn Millionen Einwohner. Wie könnte ich deren virtuelle Welt bereisen?

Es gibt nur einen Weg: Herunterladen, speichern, in den Rucksack packen: Das ist es also. Ich stelle mir vor, es gäbe dieses Land. Ich werde Armenien erwandern, und ich werde das andere Armenien, das unfassbare, das geheimnisvolle zweite Land immer dabei haben. Abrufbar.

Pilgern in Armenien – eine Idee, die schon vor Jahren geboren wurde, auf dem Jakobsweg, dem Camino Santiago. Warum nicht auch einmal die alten Mönchswege zwischen Ararat und Aragatz wieder entdecken, warum nicht auch einmal hinüber wandern zu diesem wundervollen alten Kloster Dadivank hinten in Karabagh, das, seit ich es das erste Mal besucht habe, eine magische Anziehungskraft ausübt?

Wo ein Ziel ist, ist auch ein Weg. Die Klöster waren zu ihrer Zeit Zentren des wissenschaftlichen und kulturellen Lebens in Armenien – die Mönche hatten damals auch noch keinen geländegängigen Allradantrieb zur Verfügung, aber ihre Schriften, ihre Bücher, ihre Erkenntnisse mussten doch unter die Menschen gebracht werden...

Wird sich die Magie des Jakobswegs wieder einstellen? Volkmar schreibt mir: „Mit Santiago de Compostela hat der Pilger ja ein sehr klares Ziel, es gibt praktisch ein Empfangsprogramm, lange erprobt. Unterwegs wird man ‚mitgenommen' von der Bewegung der anderen, religiös ist so etwas sehr hilfreich. Aber einen unerprobten Pilgerweg allein zu gehen? Bei solchen Wanderungen ist man ja eher mit sich (und Gott) allein."

Wird es so sein? Wir werden sehen.

Der linke Wanderstiefel hängt beim Schuster überm Leisten: Die Vorbereitungen für meine neue große Pilgerwanderung haben begonnen. Der Flug ist bestellt, der Visumantrag in Arbeit, mein privates kleines Wörterbuch füllt sich ganz allmählich. Am 5. September wird in der Kathedrale von Etschmiadsin eine Kerze entzündet, dann geht es los.

Ich werde also tatsächlich einmal kreuz und quer durch Armenien wandern. Startpunkt ist der Sitz des Katholikos – des Oberhauptes der armenisch-apostolischen Kirche. Wie an einer Perlenkette aufgezogen zeigt Google-Earth mir danach eine Reihe uralter Klöster, die nach Norden weist, bis Akhtala. Vor vielen Jahrhunderten

mögen hier die Mönche im Namen des Herren oder im Auftrag ihres Oberhirten unterwegs gewesen sein. Ich will ihnen folgen. Und hoffe, dass ich hier und da eine kleine Zelle angewiesen bekomme, wo ich meine Isomatte, meinen Schlafsack und meine müden Knochen ausbreiten kann. Eine Infrastruktur wie etwa auf dem Jakobsweg gibt es nicht, keine Herbergen, keine gelben Pfeile an der nächsten Wegekreuzung, vermutlich keine Cafébars, ganz sicher keine Pilgermenüs. Philipp, der leider diesmal nicht mit dabei ist, würde an dieser Stelle ein paar Liter Angstschweiß ausdünsten: Er fürchtet nichts so sehr wie den Hungertod. Aber Verdursten soll auch nicht sehr angenehm sein. Marietta glaubt ohnehin, dass die wilden Hunde mich gefressen haben werde, bevor ich so richtig abmagere. Sie warnt außerdem vor gewaltigen Bären und vor finsteren Wäldern, in denen hin und wieder mal der eine oder andere Mensch spurlos verschwindet.

Aber erinnern wir uns doch an die wilden Hunde auf dem Camino Santiago: In Wirklichkeit waren es eher die Gänse, die uns an die Waden wollten. Und im Notfall wird Shirley MacLaines virtuelles rotes Herz sicher auch im Kaukasus seine Wirkung nicht verfehlen... Auf jeden Fall werde ich ein Pfeffer-Spray dabei haben.

Als Gott die Erde schuf, stellte er am Abend des sechsten Tages mit Schrecken fast, dass in seinen Lagerräumen noch ein Haufen nutzloser Steine übrig geblieben war. Er erwog dieses und jenes, kam nicht recht zu einem vernünftigen Entschluss und ließ die Steine am Ende einfach fallen, wo er gerade stand. So ward Armenien geboren, das Land der tausend Steine.

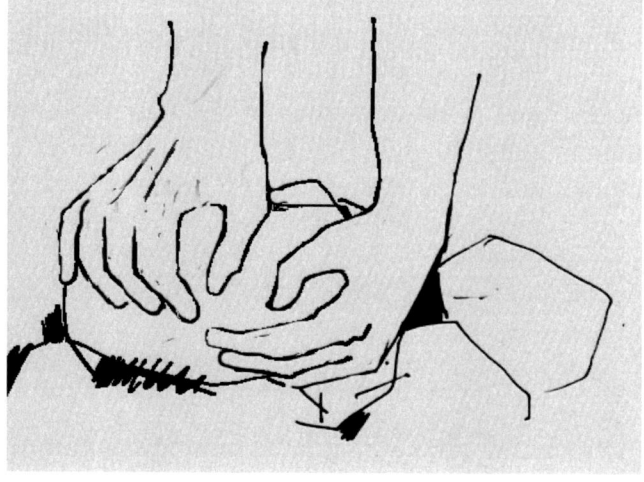

Es wird ganz unspektakulär zugehen. Es gibt keine Wanderkarten, keine verlässlichen Wegbeschreibungen. Also werde ich nicht durch geheimnisvoll verschrobene Landschaften, nicht durch unübersehbare Bergwelten ziehen. Ich werde mich am Straßennetz orientieren müssen, werde mich von Ort zu Ort, von Dorf zu

Dorf, von Kloster zu Kloster vorhangeln. Von Akhtala im Norden geht es erst einmal wieder ein Stückchen südlich, dann rechts hinüber Richtung Dilidschan, weiter den Klöstern nach zum Sevan-See, an dessen lieblichen Gestaden ich nach Osten zu pilgern habe, bis ich irgendwo den Übergang nach Karabagh – ab sofort benutze ich nur noch den alten armenischen Namen Arzach - finde. Immer wieder höre ich, dass es diesen zweiten Weg durch den Korridor, der Armenien und Arzach verbindet, geben soll. Niemand aber sagt mir bisher, ob das ein vertrauenswürdiger Weg ist, offiziell oder zumindest offiziös zugelassen. Notfalls muss ich also doch bis nach Goris, von dort per Anhalter durch den Latschin-Korridor bis in die alte Hauptstadt Arzachs, nach Shushi. Und dann zu Fuß weiter über Stepanakert bis nach Dadivank. Das Kloster. Das Ziel.

VORBEREITUNGEN II

Noch sind fast zwei Monate Zeit, aber die Tage rasen dahin. Rätselhafte Excel-Tabellen überschwemmen neuerdings meinen Rechner: Zaré versorgt mich mit russischem Kartenmaterial, mit langen Listen von Breiten- und Längengraden, von Koordinaten und bedeutungsschweren Hieroglyphen. Also werde ich nun in den nächsten Tagen nicht am Weserstrand liegen, sondern versuchen, zu verstehen...

Jeden Tag denke ich darüber nach, warum ich diese Wanderung mache – und warum ich sie eine Pilgerreise nenne. Der Ausgangspunkt liegt ein paar Jahre zurück, der erste Besuch in Arzach, der erste Ausflug zum Kloster Dadivank. Ein herrlicher Ort, wundervoll gelegen in einer eher lieblichen als kargen Bergwelt. Ein Ort, den man sich erwandern sollte.

Dann flatterte mir eine Broschüre ins Haus: Guide for Pilgrims to Armenia. So fing es an. Daraus entwickelte sich eine Dynamik, die mich selbst überrascht. Ein bisschen so, wie damals unsere Strickliesln, mit denen wir als Kinder jene Wollwürste produzierten, die nie enden wollten: Es ging immer weiter. Und nun stehe ich hier und pilgere bald los. Pilgern als spirituelle Selbsterfahrung? Oder als spirituelle Erfahrung unserer Welt? Religiöser Übermut oder doch nur Neugier auf ein Land, das ich oft bereist habe und das ich überhaupt nicht kenne? Egal, was es ist. Hinterher werde ich schlauer sein.

„Be happy" – das Credo des mittlerweile 75jährigen Dalai Lama, der mir nicht nur die Weisheit, sondern auch noch sieben Jahre voraus hat. Be happy, das meint: Such Dein Glück, jetzt und hier, nicht irgendwann im Irgendwo. Also ziehe ich einfach mal los, suche nichts und finde hoffentlich doch. Der alte Fuchs empfiehlt uns übrigens, lieber in unserem eigenen Umkreis, in unserer Religion oder Philosophie zu säen und zu ernten, statt in exotische Gefilde zu streben – so im übertragenen Sinne, versteht sich. Na also, irgendwie bin ich ja doch längst zu Hause, da hinten im Süden des Kaukasus...

Meine Pilgertour stellt das Prinzip dieser guten alten Reisetradition auf den Kopf. Mein Ziel ist ja nicht etwa ein religiöses Zentrum, ein Leuchtturm des Glaubens, wie es bei jeder guten Pilgerreise doch eigentlich sein sollte. Im Gegenteil: Ich bewege mich fort vom Zentrum, fort von der Machtzentrale, fort von der geistlichen Mitte der armenisch-apostolischen Kirche und ziele auf den Rand – ein kleines Kloster, abgelegen in den Bergen, das vor wenigen Jahren noch eine vergessene Ruine war. Vielleicht verbirgt sich dort das Geheimnis.

Wenn ich recht darüber nachdenke, werde ich auch gar nicht allein wandern: Auf meinen Schultern hocken lachend Ella-Anahit und Massis und staunen über das Land ihrer Ahnen, hinter der lichten Stirn passen Sona und Harald auf, dass ich keinen Unsinn mache, Seda hockt mir im Herzen und tanzt im Rhythmus meiner Schrittfrequenzen, Zaré und Rafi funken mir die richtigen Koordinaten zu, Mariettas wunderbare Gebetsrolle beschützt mich ohnehin, Philipp wird mir unterwegs Geschichten erzählen, und dann all die Freunde, die auf ein gelegentliches Lebenszeichen warten...

Auf meinem Kleiderschrank häufeln sich die ersten Ausrüstungsgegenstände, die ich auf keinen Fall vergessen darf: Magnesium-Tabletten, Klopapier, Sonnenbrille, Taschenlampe, Zahnseide, Nagelschere. 10 Kilo Gepäck, brutto, mehr darf es am Ende nicht werden.

VORBEREITUNGEN III

In zwei Wochen geht der Flieger, in meinem Schlafzimmer stapeln sich Socken und Papiere, Klimbim und Überlebensdinge. Brauche ich Fellhandschuhe oder Sonnenschutz? Heiß oder kalt? Oder beides?

Auf jeden Fall muss ich noch einen Schnellkurs in moderner Technik machen: Handy, Digitalkamera, Audio-Aufnahmegerät. Könnt Ihr Euch vorstellen, dass man bei so einem simplen Recorder heutzutage auch schon Ordner anlegen, Dateien einrichten, Menüführungen beherrschen muss? Gottseidank war Philipp für ein paar Tage hier und hat mir eine erste Einführung gegeben. Für mein Tagebuch reichen diesmal aber ein schlichtes Schreibheft und ein Bleistift!

Eine interessante Entdeckung. Offenbar habe ich schon vor Jahren – als ich das erste Mal dorthin kam – die Idee entwickelt, eines Tages nach Dadivank zu pilgern und dort eine Nacht im Niemandsland zwischen Himmel und Erde zu verleben. Im alten Reisebericht heißt es dazu: „Dadivank als Höhepunkt - ein wirklich imposantes Beispiel alter armenische Architektur, Kunst

Natur fließen ineinander. Ein Ort, sich zu besinnen auf das Miteinander von Geschichte und Zukunft, von Tradition und Moderne. Ein historisches Baudenkmal ganz nah beim lieben Gott." Schahen, der seit vielen Jahren in Armenien lebt, klärt mich auf, die Sache hat nämlich einen ziemlich hässlichen Hintergrund: Dad, so schreibt er, war ein assyrischer Geistlicher aus dem 1. Jahrhundert und starb hier den Märtyrertod - er wurde geköpft und lieblos verscharrt; später baute man auf seiner Grabstelle die Klosteranlage.

Nun ja, ich werde weder zum Geistlichen noch zum Heiligen mutieren, also werde ich meinen Kopf wohl behalten dürfen. Aber Schahen hat auch Tröstliches parat. Er versichert nämlich glaubhaft: „Den Hungertod wirst Du nicht erleben und auch nicht verdursten. Wasser gibt es hier reichlich, und die Menschen, auch wenn sie verschlossen sind, sind sehr gastfreundlich. Die Bären haben in dieser Jahreszeit viel Besseres zu fressen als etwa ungenießbare Pilger. Die Schäferhunde und die Streunhunde bellen zwar, wedeln jedoch mit dem Schwanz, falls man freundlich daherkommt." Ich werde mich bemühen.

VORBEREITUNGEN IV

Der Rucksack ist verschnürt, alle Karten sind ausgedruckt, alle Tipps und Adressen sortiert, Globolin und Nagelschere eingepackt, genau 9,8 Kilogramm werde ich auf dem Rücken tragen. Wusstet Ihr, dass es einen Gel-Stift gibt, mit dem man seinen kleinen gequälten Zeh auspolstern kann? Trocknet angeblich in maximal zwei Minuten und verteilt sich nicht ins Strumpfwerk. Unglaublich. Aber ob es auch hilft, wenn's drauf ankommt? Tetanus und Diphtherie jedenfalls werden mir unterwegs nichts antun können, da habe ich gestern noch schnell vorgesorgt. Es geht also los. Morgen nach Berlin, am Dienstag nach Jerewan, und am Sonntag dann der erste Schritt Richtung Dadivank.

Vorher gibt es noch ein Fest zu feiern. Mein alter armenischer Freund Edig hat mich eingeladen, bis zur Hochzeit seines ältesten Sohnes Sevak in der Stadt zu bleiben. Aber dann ist Aufbruch angesagt. Ein paar hundert Kilometer werden es werden, möglicherweise kommt ohnehin ja noch der eine oder andere Umweg dazu: Jetzt habe ich gerade von einem gigantischen Bergbauprojekt im Norden Armeniens gehört, das zerstörerische Auswirkungen auf die Natur haben wird. In einem Land, das so reich an Steinen und so arm an Grün ist, werden Zigtausende von Bäumen gefällt werden. Gift wird sich in die Berge fressen. Kurzfristiger Profit vor nachhaltiger Entwicklung? Kupfer und Gold vor sanftem Tourismus und ökologischer Landwirtschaft? In Teghut soll all das geschehen, das liegt ein wenig abseits meiner Route, aber ich werde es mir doch wohl mal anschauen.

Und dann gibt es da noch das Kloster Haghartsin bei Dilidschan: „Dort ist es traumhaft schön, musst Du Dir ansehen." Na gut, auf die paar Kilometer kommt es dann schließlich auch nicht mehr an.

JEREWAN

Der Rhythmus der Stadt beschleunigt sich, der Herzschlag Jerewans hat längst das Tempo anderer Großstädte erreicht. Das Zentrum wandelt sich rapide, neue Shoppingtempel, schicke Büros, elegante Einkaufstüten internationaler Labels, und dazu Jeeps, SUV's, Geländewagen der teuersten Kategorien in Hülle und Fülle.

Ich sitze in einem Café in der Abovianstraße, ein grün belaubter kühler Platz, bei 36 Grad im Schatten ein herrlich-arrogantes Gefühl von Luxus. Sehen und gesehen werden. Es gibt viele schöne Menschen in diesem Land. Zeit, sich mal wieder zu verlieben? Man zeigt, was man hat, und wenn man es nicht hat, zeigt man es trotzdem.

Die jungen Damen sind offenbar weniger markenbezogen als ihre männlichen Kollegen, sie haben ihrem schwarzen Einheitslook mittlerweile aber doch ein wenig Farbe hinzugefügt, Gelb mit Vorliebe. Die Jungs tragen gern echt Armani, beliebt ebenso echt Dolce&Gabbana, auf dem Vormarsch offensichtlich auch echt Lacoste. Die

Pepperonis, diese spitz zulaufenden schwarzen Herrenschuhe, sind nur noch Auslaufmodelle.

Mein schwarzer Kaffee ist süß wie die Hölle, er kostet hier das Dreifache wie andernorts in der Stadt und ist für unser Budget noch immer sehr billig, er peitscht die Herzfrequenz und legt dir eine verführerische dünne Schicht Armenien auf Lippen und Gaumen. So entsteht vor deinem inneren Auge noch einmal ein winziges Stück alte Welt – eine Welt, die Zeit hat, die noch im Kaffeesatz zu lesen weiß, die noch immer ein Gedicht von Goethe oder von Sayat Nova rezitieren kann.

Und ich frage mich, ob dieser Kaffee in den nächsten Wochen wohl dem täglichen café con leche auf den Jakobsweg das Wasser wird reichen können? Noch aber sitze ich hier und sehe, wie die nachdrängende Schickeria die Alten und die Schwachen aus der Stadt verdrängt. Die können die Mieten längst nicht mehr bezahlen, hausen irgendwo in den ausufernden Tentakeln der Metropole oder ziehen sich zurück aufs Land. Arbeit haben sie ohnehin nicht, also lieber in eines der verlorenen Dörfer, wo sie wenigstens einen Garten bestellen und ihre eigenen Tomaten und Bohnen ernten können. Ich werde sie dort treffen, wenn ich unterwegs bin.

Vorher aber noch ein Bummel durch die Markthalle. Da hängt der Duft von frisch gebackenem Brot in der Luft, die Tomaten strömen ungeahnte Aromen aus, die Pfirsiche sind fast schon überreif, überall knacken die Bauern ihre frisch geernteten Walnüsse. Und dann der Geruch von Kräutern – roter Basilikum, Koreander, Estragon. Eine Insel ist eine Insel, die Stadt hat keinen Zutritt, es riecht nach Dorf, nach Landluft. Es wird Zeit, dass ich mich auf den Weg mache.

Nur wenige Schritte von der Markthalle entfernt Surp Sarkis, die alte Innenstadtkirche. Hochzeiten im 20-Minuten-Rhythmus. Um 14.30 Uhr sind wir dran, also Sevak und Arpi sind dran. Eine schöne Braut, ein fröhlicher Bräutigam, und hinterher geht es mit 300 Gästen in den Festsalon. Essen, Tanzen, Trinken, Tanzen. Zwei stolze Elternpaare, ein glückliches Ehepaar, das sich bald nach Georgien – Honeymoon am Schwarzen Meer – verabschiedet. Zwei Menschen mehr, die sich der Liebe verschrieben haben. Morgen früh schlägt meine Stunde.

PILGERS TAGEBUCH

ETSCHMIADSIN – MUGHNI

Sonntag, 8 Uhr - es ist noch viel zu früh für den Lebensrhythmus dieser Stadt. Trotzdem ist die Marschroutka, der Minibus, proppenvoll. Die Armenier glauben, „Marschroutka" sei ein russisches Wort, sie wissen nichts von deutschen „Marschrouten"... Gruselig. Die Marschroutka also, sie fährt hinunter zur Markthalle, von dort starten die Busse nach Etschmiadsin. Um 10 Uhr wird die Morgenmesse gelesen, da bleibt nicht viel Zeit.

Die Kathedrale, errichtet auf Fundamenten aus dem 4. Jahrhundert, wurde genau an der Stelle erbaut, an der Tiridates III anno 301 das Christentum als Staatsreligion verkündete. Gerade wird der rote Teppich ausgerollt. Der Katholikos, abgeschirmt von einem dichten Kordon schwarz gewandeter Geistlicher, schreitet aus seiner Residenz herüber, um ein kurzes Gebet zu sprechen. Er ist in Eile, draußen warten schon die Limousinen, die ihn zum nahe gelegenen Flughafen bringen. Er reist nach Amerika. Diplomatie.

Karekin II hat als junger Theologe in Deutschland studiert, ein gutgelaunter Geistlicher, der damals gern mit seinem gebrauchten Käfer durchs Land düste und die armenischen Gemeinden besuchte. Heute reist Seine Heiligkeit, so

24

sein Titel, mit Eskorte und Chauffeur. Der gesellschaftliche Umbruch seines Landes ist längst nicht bewältigt. Die Kirche, in Sowjetzeiten vor allem mit dem Überleben beschäftigt, musste für sich eine neue Rolle definieren, geistliches Leben erneuern und zugleich soziale Bindungen knüpfen, Zusammenhalt stiften. Nach innen und nach außen. Ich aber entzünde die ersten Kerzen meiner Pilgertour. Sie müssen ziemlich weit leuchten, wenn sie alle erreichen sollen, an die ich in diesem Moment denke. Bei der Kerzenfrau kaufe ich noch ein kleines silbernes Kreuz: Meine Tochter Sona hatte mich darum gebeten. Sie war hier getauft worden, ihr Taufkreuz ist nach 35 Jahren gebrochen, gerade jetzt, kurz vor meiner Abreise. Das neue Kreuz wird, wenn ich es ihr übergebe, schon viel gesehen haben.

Der erste Pilgerschritt.

Der Weg, es werden etwa 25 Kilometer werden, ist ziemlich hässlich. Durch ein staubiges Händlerviertel hinaus auf die Landstraße und dann immer geradeaus. Manchmal grasen rechts und links magere Kühe, hin und wieder werden noch Tomaten geerntet, Melonen warten auf den Abtransport. Es ist heiß, über 35 Grad, ungewöhnlich für den September. Die Straße führt stetig leicht bergauf, literweise fließt mir das Wasser aus den Poren. So viel kann der Mensch gar nicht trinken, wie ich hier ausschwitze.

Auf halbem Weg nach Ashtarak, der ersten kleinen Stadt, die Müllkippe. Es gibt sie auch hier, die Müllkinder, die mit bloßen Händen nach Verwertbarem suchen, die sich in den Ausdünstungen der Hölle ihre kleinen Lungen verätzen. Nur wenn sich ein verlegenes Lächeln in ihre Züge schleicht, entdecke ich noch das ferne Leuchten in ihren großen braunen Augen. Anders als bei den Müttern und Großmüttern, die ein paar Meter weiter arbeiten und ihre Seele längst verloren haben.

Diese Bilder trüben meinen Blick für das Städtchen, in das sich Ossip Mandelstam auf seiner berühmten „Reise nach Armenien" verliebt hat: Er erlebte diesen Ort als ein Stück Obstgarten, als eine reiche Siedlung, „gut eingenistet, älter als viele europäische Städte". Und er notiert, Ashtarak sei berühmt „für Erntefeste und die Lieder der Aschugen". Erst als ich die Hochbrücke über den Kasagh passiere und mein Blick die Schlucht hinunter zum Fluss findet, beginne ich zu ahnen, was den Dichter gefangen genommen hat. Ein Café lädt ein zu einer kurzen Rast, ich höre keine Lieder, wohl aber das Rauschen des Wassers in der atemlosen Stille eines Spätsommertages.

Und mache eine Entdeckung: Mein Handy ist verschwunden. Stundenlang „gewässert", ist der Gürtel gerissen, das Telefon liegt irgendwo auf der Landstraße, ebenso das Diktiergerät. Erleichterung: Keine Verpflichtungen mehr, ich bin nicht mehr erreichbar, jede Verbindung in die Außenwelt abgetrennt. Ich befinde mich – ohne Kommunikation, ohne Sprache, ohne Sicherheitsnetz – auf einem fremden Stern. Planet Armenien.

Auf dem Weg nach Mughni schaut mir der Aragatz, mit 4095 Metern höchster Berg Armeniens, über die linke Schulter. Er kann zwar nicht konkurrieren mit dem Zauberberg, dem Ararat, der 5137 Meter erreicht, der aber eben jenseits der Grenze in der Türkei liegt. Dafür hat der Aragatz vier statt nur zwei Gipfel wie sein großer Bruder, und diese vier Gipfel bilden auch noch – von oben betrachtet – ein klassisches armenisches Kreuz. Das versichern mir jedenfalls Leute, die auch noch nie da oben waren, die aber Leute kennen, die Leute kennen...

Dann endlich Mughni, Surp Kevork, die Klosterkirche zum heiligen Georg. Als erstes fällt mir ein Bild der Maria mit dem Kinde auf: zwei Engel auf ihrer Schulter. Anahit und Massis, meine Enkelkinder, meine Engel, die mich auf diesem Weg begleiten. Da müssen wieder ein paar Kerzen brennen. In einem kleinen Nebenraum der Marmor-Sarkophag mit einer Reliquie des Namenspatrons - ein warmer Glanz, der dem Stein innewohnt. Der Geistliche, Ter Yeghische, gibt mir eine kurze Geschichtslektion, scherzt mit dem Gärtner und fragt mich, wo ich denn wohl schlafen wollte diese Nacht. Gute Frage. Hab ich mich selbst auch schon gefragt. Er bietet ein Gästehaus im Klostergarten an, leider passt keiner seiner 180 Schlüssel, also bleibt nur ein Kabuff im Klostergebäude selbst. Niedrige Türen - die Mönche, die hier früher lebten, müssen klein gewesen sein -, ein paar Bücher, Werkzeug, ein winziges Fenster, ein Bett.

Zur Abendandacht hängt sich der Pater selbst in die Taue und schwingt die Glocken. Der Glöckner von Notre Dame? Der Glöckner von Mughni, er mag gar nicht aufhören. Die Kerzenfrau, die auch so etwas wie die Haushälterin ist, kocht uns einen Kaffee und beginnt, ein Abendessen vorzubereiten, Bratkartoffeln, Eier, ein wenig Salat. Aber bevor sie fertig ist, kommt eine Einladung zum Chorowatz, irgendein Fest wird gefeiert in der Familie des Paters. Die Bratkartoffeln wird es zum Frühstück geben. Erst einmal also das große Festessen, wir müssen eine knappe halbe Stunde mit dem Auto fahren, abenteuerliche Wege, auf keiner Karte eingezeichnet. Es geht auf einer viele Jahrhunderte alten Steinbrücke über den Kasagh. Man sieht diesem Bauwerk sein Alter an, aber sicher wird es noch stehen, wenn die gigantische stählerne Hochbrücke längst verrostet sein wird. Es gibt sie also noch, diese alten Wege, man muss sie nur finden.

Zwischendurch halten wir an einem Feigenbaum. Ter Yeghische liebt diesen Baum: „Er
ernährt uns viele Monate lang, er trägt immer
alle Reifegrade, jeden Tag kannst du von neuem
ernten." Das tun wir, bringen der Familie eine
Mütze voller Feigen mit, eine gute Grundlage

für den ersten Wodka, für den ersten Toast, auf
den noch viele weitere Toasts folgen sollen...

Die erste Nacht. Der Pater schließt mich in der
Anlage ein. Ich habe das Kloster ganz für mich
allein, ich spaziere durch den Garten, sitze ein
wenig am Brunnen, erlebe das „Glück über den
Sternenhimmel und die Melancholie". Hat ja gut
angefangen, meine seltsame Pilgertour. „Why"
hatten mich noch am Nachmittag drei hübsche

junge Armenierinnen gefragt, ein wenig spöttisch, ein wenig verstört. Ja, warum eigentlich? So wenig, wie ich das auf dem Jakobsweg wusste, so wenig weiß ich es hier. Also beschreibe ich lieber, was ich erlebe. Vielleicht stehen die Erlebnisse schon für sich? Ich sammle neue Erinnerungen ein.

SAKRALE CHEMIE

Bitte nicht lächeln. Ich bekomme in Mughni einen Gratis-Nachhilfei n Kurs in Sachen Chemie und gebe diese Erkenntnisse gern weiter. Armenien ist reich gutem schmackhaftem Wasser. Aber auch dieses Wasser fließt nicht  immer und überall, manchmal muss man es sammeln, in Eimern, Flaschen, Kübeln bewahren. Es wird schal, Bakterien setzen ihm zu, es verdirbt. Chemie könnte helfen, besser aber wirken einfache Hausmittel: Schlage ein Kreuz über dem offenen Gefäß, das Wasser wird messbar länger halten. Schlage zwei oder drei Kreuze, die Haltbarkeit wird weiter verlängert. Sprich ein Gebet über dem Wasser, und es wird über Wochen frisch bleiben. Bitte nicht lächeln.

Zufällig fällt mir nach drei Wochen in Goris, auf einem Zwischenstopp von Arzach nach Jerewan, ein Buch

in die Hände: „Die Botschaft des Wassers" von einem Japaner namens Masaru Emoto. Er fotografiert Wasserkristalle. Natürlich enthalten diese Kristalle Botschaften: Klima, Bodenbeschaffenheit, Umwelteinflüsse, Fremdstoffe etc. Emoto aber konfrontiert das Wasser anschließend mit Fotos fröhlicher Kinder, mit Musik, mit Gebeten und fotografiert dann die Kristalle: Vorher – Nachher. Verblüffend. Wer lächelt jetzt?

MUGHNI –
OHANAVANK –
SAGHMOSAVANK - ARA

Wenn du schon im Kloster lebst, machst du natürlich auch die Andachten mit Abendmesse, Morgenmesse, je knapp eine Stunde. Du verstehst nichts, aber ganz allmählich erreichst du so einen meditativen Zustand, der die Stimme des Geistlichen in einen milden Fluss verwandelt, dem du dich einfach anvertraust. Du bist mit dem Planeten auf einer unbekannten Umlaufbahn, irgendwo wird er dich wieder nabsetzen, irgendwo wirst du wieder Boden unter die Füße bekommen.

Ein herrlicher Duft von Bratkartoffeln zieht durch den Klostergarten. Die Kerzenfrau bereitet ein üppiges Frühstück. Sie holt mich aus der Messe: Komm, du musst essen, du hast noch einen weiten Weg vor dir. Einverstanden. Ich lasse es mir schmecken. Vollgestopft mit Gebeten und gutem Essen ziehe ich los. Was für ein Auftakt.

Es ist nicht weit von hier nach Ohanavank. Ein paar Kilometer die Straße hinauf, dann durch das Dorf, fast bist du schon da. Spektakulär an der Schlucht gelegen, wird klar, dass die alten Klöster immer auch Wehranlagen gewesen sind. Sie waren mit einem ausgeklügelten Warnsystem ausgestattet: Sichtachsen im Mauerwerk und unterschiedliche Glockensignale je nach Gefahrenlage. Innerhalb von dreieinhalb Stunden konnte das ganze Land alarmiert werden.

Im Moment allerdings stehen die Zeichen eher auf Frieden. Steine über Steine, es wird renoviert. Ohne Altar, ohne Heiligenbilder, nur Steinmetzarbeiten, alte Inschriften, herrliche Kreuzsteine – Kirche pur. Dieser Ort war vor vierhundert Jahren berühmt für seine Bibliothek, ein Hort der Wissenschaften, eine „Quelle der Erleuchtung". Aber wie in ganz Armenien verlor schon im 18. Jahrhundert das Klosterwesen mehr und mehr an Bedeutung. Und manchmal half auch die Natur nach – Ohanavank wurde im Jahr 1918 durch ein Erdbeben großen Teils zerstört.

DER KHATCHKAR

Er symbolisiert Leben und Tod, er ist seit fast 1200 Jahren prominentester Ausweis armenischer Kunst – der Kreuzstein, der Khatchkar. Keiner gleicht dem anderen, jeder hat seinen ganz eigenen Ausdruck. Den Mittelpunkt bildet natürlich immer das Kreuz. Oft finden wir auch eine Sonnenscheibe, die für das ewige Leben steht. Was dann kommt, ist Kunst und Tradition, Kreativität und Symbolik. Zarte Linienornamente verknoten sich ineinander, Weinreben ranken empor, irgendwo stolziert vielleicht ein Kranich, manchmal blickt der Pfau staunend auf steinerne Bibelszenen. Jeder Khatchkar ein Buch, das uns neue Bilder beschert.

Ein besonders eindrucksvolles Beispiel für die Kunst armenischer Steinmetze ist heute der Friedhof in Noratus am Ufer des Sevan-Sees. Über 900 Kreuzsteine in unvorstellbarer Vielfalt sind hier versammelt. Ein noch größeres Khatchkarfeld in Nachitschewan wurde dort im Jahre 2005 systematisch und vollständig geschleift. Internationale Beobachter verglichen diesen barbarischen Akt mit der Zerstörung der Buddha-Statuen von Bamiyan durch die Taliban. Ethnozid folgt Genozid: Auf gut deutsch nennen wir das „Spuren verwischen". Aserbeidschan vollendete so für sein eigenes Terrain den Völkermord an den Armeniern und zugleich die totale

Vertreibung der armenischen Bevölkerung aus Nachitschewan nach der stalinschen „Grenzbereinigung". 2005 wurde in Bremen ein Khatchkar aufgestellt als erstes offizielles Mahnmal in Deutschland zur Erinnerung an den türkischen Völkermord an den Armeniern im Jahre 1915.

Beim Blick in die tiefe Schlucht entdecke ich alte Wege. Die Esel und die Maultiere haben sie noch ohne Not gefunden, die alten Mönche, die hier in den Norden zogen, sicher ebenfalls. Ich aber finde weder Anfang noch Ende, würde mich hoffnungslos verlieren und sowieso vor den Anstrengungen dieser Schlucht zurück schrecken. Aber wenn jemand käme und entdeckte diese Wege neu, markierte sie – welches Symbol würde wohl am besten passen? -, verspräche am Ende der Mühen eine schlichte Herberge, eine Klosterkammer vielleicht? Ich bliebe nicht länger der einzige Verrückte, der diesen Weg unter die Füße nimmt. Schade eigentlich, da wird so viel Geld in die Renovierung der Kirchen und Klöster gesteckt, aber auf die Idee, hier und da ein kleines Schild aufzustellen, auf diese Idee kommt niemand. Wahrscheinlich, weil sowieso alle normalen Menschen lieber mit der Luxus-Limousine wallfahren, oder notfalls mit der Marschroutka.

Fast kann ich hinüber sehen nach Saghmosavank, aber mir bleibt nur die Straße. Gregor der Erleuchter, der das Kloster vor 1600 Jahren gegründet hat, wird einen hübscheren Weg genommen haben. Zweifellos wird er auch mehr aus der Puste gekommen sein als ich. Aber ich will ja auch keine Klöster gründen, ich will sie nur besuchen.

Saghmosavank ist ein Ereignis allein wegen der Lage, es ist direkt an die Schlucht gebaut, steiler

Absturz um Hunderte von Metern. Am Horizont blinzeln der Ararat zur einen und der Aragatz zur anderen Seite, der eine mit Schneemütze, der andere mit grauem Felsbart. Ab hier werde ich den Ararat aus den Augen verlieren. Massis, der größere der beiden Gipfel, zieht sich mit seinem kleineren Bruder Sis zurück. Mein persönlicher Massis allerdings, mein süßer Engel, bleibt bei mir, hockt mir weiter auf der Schulter und übt – vergeblich - erste Wörter: Uchtagnatzutjun, Shnorhagalutjun.

MEIN WÖRTERBUCH

Gott beschütze Dich	Astvatz kez pahapan lini
Gott sei mit Dir	Astvatz kez het lini
Beten	aghotel
Meditieren	meditatcia anel
Pilgerreise	uchtagnatzutjun anel
Ich bin Pilger	yes uchtavor em
Das nächste Dorf	hadjord gjughe
Geistlicher	hokevorakan, ter hayr
Mönch	vanakan, vanahayr
Ortsvorsteher	kaghakapet, gjüghabet
Enkelkinder	tornikner
Wurst	jerschik
Suche Schlafplatz	pentrum em kenelu degh
Können Sie helfen?	karogh ek indz ognel?
Danke	shnorhagalutjun

Ich bin reif für eine nachmittägliche Rast. Ein paar Nüsse knabbern, eine halbe Stunde Schlaf. Eine schmale Bank im Klostergarten ist der richtige Ort dafür. Wie ich später feststelle, verriegelt die Kerzenfrau die Gartentür hinter mir: Damit dich niemand stört, wenn du dich ein wenig ausruhst. Ich bin gerührt. Und dann fragt sie mich, ob ich den Weg über den Fluss gekommen bin. Nein, natürlich nicht, niemand hat mir diesen Weg gezeigt. Ärgerlich.

Weiter über die Landstraße nach Aparan. Scheußliches Pflaster, rasende Autos, Abgase. Das Land ist keinesfalls immer so schön, wie wir es uns ausmalen, es kann im Gegenteil sehr hässlich sein. Also abbiegen bei nächster Gelegenheit. Die kommt, als ein Wegweiser eine Straße links hinüber nach Byurakan ankündigt. Das soll ein schönes Dorf sein, leider weit ab von meiner Route. Versuchen wir es trotzdem, es wird schon irgendwo weitergehen.

Am Abzweig wartet eine Überraschung auf mich: In Tuffstein gemeißelt, überlebensgroß, jeder einzelne Buchstabe ein Kunstwerk für sich, 36 Statuen – das Alphabet. Ich versuche zu lesen. Was erzählen mir diese Steine? Sie erzählen mir auf jeden Fall von einer großen Liebe. Von der Liebe der Armenier zu ihrer Schrift. Von der Verehrung für den Heiligen Mesrop Mashtoz, der als vielbelesener Mönch vor über 1600 Jahren die Bibel ins Armenische übersetzen wollte. Aber ihm fehlte dazu ein wichtiges Instrumentarium:

Armenisch war zu der Zeit keine Schriftsprache, ihm fehlten schlicht die wichtigsten Buchstaben.

Also, wird er sich gedacht haben, da müssen wir was tun. Und schuf auf der Basis alter Fundstücke ein neues Alphabet. Aber er schuf damit noch etwas ganz anderes: Er stiftete seinem Volk Identität. Eine Nation, die wie die armenische so verstreut lebte, über die Jahrhunderte politisch fremdregiert oder unterdrückt, am Ende durch einen Völkermord geteilt und in die Diaspora gezwungen wurde, eine solche Nation konnte sich nur behaupten, weil es ein unzerstörbares Band gab, das die Einzelteile zusammen hielt: Die Schrift, und mit dieser Schrift die Bibel, die Religion.

DAS ALPHABET

Es soll in Amaras gewesen sein, einem Kloster in Arzach. Mesrop Mashtoz saß, es war der Winter des Jahres 405, in seiner Studierstube, das Sprossenfenster aus edlem Alabaster war beschlagen. Er fuhr mit dem Finger über die trüben Scheiben und zeichnete, selbstvergessen, in jedes der sechs Quadrate ein abstraktes Muster: die ersten neuen Buchstaben seines armenischen Alphabets.

Mit dieser Legende versuchen heutige Interpreten das Ebenmaß, die faszinierende Vollkommenheit dieser Schrift zu erklären. Vielleicht war es einfach so: Da war kein Designer am Werk, sondern ein Künstler. Man muss diese Schrift nicht lesen können, um zu verstehen, dass man sich in einem Land bewegt, das verliebt ist in seine Sprache. Vielleicht ist es dafür sogar hilfreich, wenn man nicht lesen kann, was man sieht. Die Liebe zum Wort findet seinen Widerhall in jedem einzelnen Buchstaben, jeder Laut findet seinen Widerhall in den Bögen, Ecken, Spitzen, den Andeutungen oder Betonungen dieser Schrift.

Eine Linguistin aus Goris schreibt mir: „Die einzelnen Buchstaben und die Laute unseres Alphabets rasseln mir in den Ohren wie die Schwerter meiner Urväter, die für das Christentum gekämpft haben, zwitschern wie die Noahtaube, die die Frohe Botschaft gebracht hatte, klingen wie die Lieder von Komitas und wie das Plätschern des Bergbaches, und sie schreien wie die neugeborenen Kinder." Die berühmte Lyrikerin Silva Gaboudikian formuliert es so: Die armenische Sprache wurde „durch den Genius Mesrop in Buchstaben und Pergament verwandelt. Sie wurde Hoffnung und Flagge und hat uns auf unserem Weg bewahrt."

40

Ich lese in diesen Buchstaben-Riesen aber auch: Ändere deinen Kurs, hier kommst du auf den richtigen Weg. Auf der Karte gibt es tatsächlich irgendwo eine kleine Dorfstraße nach Norden, das wäre meine Richtung. In der Wirklichkeit aber leider keine Spur davon. Ein Bauer, der mit seiner Sense Heu macht, zeigt mir eine vage Spur im trockenen Gras und winkt mit der Hand in eine sehr unbestimmte Richtung. Immer geradeaus, dann kommt ein Dorf! Ich muss ein wenig skeptisch geblickt haben. Also legt er seine Sense zur Seite und meint, dass wir jetzt erst einmal einen Kaffee trinken. Das gefällt mir gut. Sein Heim, das ist eine sehr provisorische Hütte, ein Raum mit vielen Betten – für die Kinder und Enkelkinder aus Jerewan, für Sohn und Schwiegertochter aus Moskau -, einem Herd, einem Tisch, einem Fernsehapparat und drei viel zu kleinen Holzschemeln. Nimm Platz, fühl dich wie zu Hause. Seine Frau kocht den Kaffee, er zeichnet mir eine Karte, ziemlich minimalistisch, aber doch sehr realitätsnah: Hier würde ich eine Wasserstelle finden, dort einen großen Felsblock, dann einen abgestorbenen Baum und schließlich käme ich an einen schmalen Bach, von dort könne ich das Dorf schon sehen.

Er setzt mich auf eine Spur, die irgendwann im Frühjahr ein windschiefer Traktor gezogen haben mag. Also querfeldein weiter, gelegentlich verliere ich den Überblick, springe über Bäche, die in meiner exklusiven Karte nicht verzeichnet sind, stapfe durch die „Meseta". Dieses Land ist viel schöner, als wir es uns gelegentlich ausmalen.

Es kommt zu einer ersten Begegnung mit dem Hunde. Nicht mit dem kläffenden Dorfköter, der überall drauflos bellt, wenn er einen Fremden nur ahnt. Nein, ein richtiger Hund, einer dieser fetten weißen armenischen Schäferhunde, die ihre Arbeit tun, die die Welt kennen. Der Gampr, so heißen diese stolzen Tiere, taucht aus dem Nichts hinter mir auf, wufft einmal: Dreh dich um, ich will dir in die Augen schauen. Offenbar zufrieden, kehrt er um und widmet sich wieder seinen Schafen.

Irgendwann, hinter einer flachen Hügelkette, wirklich ein Dorf. Es heißt, das erfahre ich später, Ara. Wie der jüngste Sohn meines Freundes Edward in Jerewan. Es ist halb sieben, höchste Zeit für ein Nachtquartier. Das bedeutet: Allen Mut zusammen nehmen, noch einmal in mein Notfall-Wörterbuch schauen und fragen. Es klappt beim zweiten Mal. Der Mann zögert noch ein wenig zaghaft, die Frau schiebt ihn resolut zur Seite. Verstehst du nicht, der Mann ist ein Pilger, der sucht einen Schlafplatz für eine Nacht. Und zu mir: Komm rein. Gott schickt dich zu uns, du bist unser Gast. Sie heißt Anahit, wenn das kein gutes Zeichen ist. Anahit, so wie der eine der kleinen Engel auf meiner Schulter. Die beiden geben ein bisschen mit mir an in der Nachbarschaft, sie führen mich über die Straße auf den nächsten Hof. „Da gibt es ein wunderbares Quellwasser, trink." Auf der Veranda hängen Obst und Gemüse zum Trocknen, gerade werden Tomaten, Zucchini, Knoblauchzehen eingelegt. Der Winter ist kalt und lang hier oben, zwei Meter Schnee kann er bringen, sechs Monate müssen sie mit ihren Vorräten auskommen. Anahit, sie mag 60 Jahre alt sein, singt, während sie Tomaten schält und den Knoblauch schneidet – süße Psalmen mit der zarten Stimme einer 18Jährigen und mit der gelassenen Inbrunst einer Frau, die voller Gottvertrauen mit ihrem sehr kargen Leben zufrieden ist. Jedes Glas wird mit einem Gebet verschlossen.

ROMAN I

Ave Maria. - Hayastan hatte einen schlechten Tag erwischt. Das Kalb war hinkend von der Weide zurück gekehrt, der Hahn war vor ihrem Beil in den Walnussbaum geflüchtet. Sie sann auf Rache. Ich kam ihr gerade recht. Ihr Goldzahn funkelte, mit der Befehlsstimme eines Oberleutnants fuhr sie mich an: Trink! Ich trank. Im selben Augenblick wurde mir schwarz vor Augen, ich kippte nach hinten weg und höre sie mit der Zauberstimme einer Oboe ein Ave Maria singen.

Hinten im Hof das Klo, vier wacklige Bretter als Sichtschutz, ein Loch im Boden, darüber ein winziger offener Hocker. Hoffentlich triffst du richtig. Das Haus selbst birgt eine Sensation, einen Räucherraum mit zwei geräumigen Tonirs, Erdöfen aus Ton, in denen früher dieses herrliche Fladenbrot Lavasch gebacken wurde, und einem riesigen Tonkrug, der über hundert Liter Wein fasst. Beides wird nicht mehr benutzt. Ein Museum. Ein „Must be" für Pilger, das diese niemals finden werden.

Das Lavasch, ich meine natürlich das echte Lavasch, das den Armenier in Ekstase bringt, dieses Lavasch kommt aus dem Tonir. Besonders auf dem Dorf kann man noch heute erleben, wie dieses Brot gebacken wird. Manche Häuser haben ihren eigenen Tonir, manchmal aber gibt es, wie früher bei uns, einen Gemeinschaftsofen, etwa zwei Meter tief eingegraben in den Boden und kunstvoll mit Schamottsteinen und Ton ausgekleidet. Der wird dann regelmäßig befeuert und reihum backen die Frauen ihre Vorräte für die nächsten Tage und Wochen. Der Teig wird kräftig geknetet, ausgerollt mit einem dünnen Holzstab, noch ein paar Mal über die ausgestreckten Arme gewirbelt und dann mit einem ovalen Kissen, das an einer simplen Holzkonstruktion mit Griff befestigt ist, gegen die glühend heiße Tonwand geklatscht. Warum der Fladen nicht runterrutscht, weiß ich auch nicht, ungeübten Bäckerinnen wird es aber wohl hin und wieder passieren. Wenn alles gut geht, kommt das Brot nach wenigen Augenblicken wieder ans Tageslicht, hauchdünn, bis zu einem Meter breit und vor allem mit diesen typischen winzigen Brandblasen. Köstliche Düfte. Etwas Grünzeug hineinwickeln, etwas Käse – mehr braucht der Mensch nicht.

Wer gerade keinen Tonir zur Hand hat, kann das Lavasch aber auch am eigenen Herd improvisieren: etwa 750 g gesiebtes Mehl mit lauwarmem Wasser und etwas Salz kneten, bis es die Konsistenz eines Pizza-Teigs angenommen hat. Etwa tischtennisgroße Bällchen formen. Etwas Mehl auf eine glatte Fläche, darauf die Bällchen mit der Hand flach ausrollen und diese wiederum mit etwas Mehl bestreuen; dann mit dem Nudelholz so weit ausrollen, bis der Fladen etwa Tellergröße erreicht hat. Ohne Öl in einer geeigneten Pfanne ausbraten. Wenn man die Zeitung durch das Lavasch lesen kann, hat man alles richtig gemacht!

Ich kann kein Lavasch backen, gesteht Anahit. Die beiden sind aus Jerewan hierher gezogen, sie sind Großstädter, keine Bauern, sie haben ihr Brot immer im Schuga gekauft. Aber sie hatten keine Arbeit, die Rente ist lachhaft, sie brauchen das, was der Garten hergibt, zum Überleben. Also sind sie aufs Land gezogen – wie so viele andere auch. Hier haben wir wenigstens unsere Ruhe, sagen sie, und sie hoffen, dass die Kinder möglichst oft zu Besuch kommen können. Die beiden bieten mir ein Bett im Wohnraum, lachen über meinen Schlafsack, servieren noch ein Stück Melone. Gute Nacht.

Am Morgen werde ich mit einem Kaffee und ein paar Keksen verabschiedet. Astwatz kes het. Ja, auch Euch ein herzliches Astwatz dzes het. Ich war so befangen von dieser Gastfreundschaft, dass ich mich nicht in der Lage sah, ein paar schäbige Dram auf den Tisch zu legen. Ich schäme mich dafür, sie hätten das Geld gut gebrauchen können. Vielleicht kann ich sie im nächsten Jahr besuchen und Wiedergutmachung üben?
Ossip Mandelstam: „Ein kinderloses Greisenpaar nahm uns für die Nacht in den Schoß seines Zeltes auf. Ich war befangen wie in einem Palast."

Ich ziehe weiter über die Dörfer Richtung Aparan. Menschen wie aus den alten Fotos vor der armenischen Zeitenwende. Strenge Gesichter, die mich begutachten, die sich hüten, voreilige Schüsse zu ziehen. Hier wird noch ordentlich

Kuhscheiße getrocknet. Brennmaterial für den Winter. Das Jahr hat seinen geordneten Rhythmus.

Kurz vor Kutchak sitze ich in einem kleinen Friedhof und nehme mein Frühstück ein. Nüsse, getrocknete Aprikosen, Wasser. Köstlich. Ab hier muss ich wieder auf die große Landstraße. Ich fasse einen klugen Beschluss: Ich werde nicht vor der Mühsal weichen, wohl aber vor der Hässlichkeit. Wenn nötig, werde ich Teilstrecken mit dem Bus oder mit der Marschroutka bewältigen. Das fühlt sich gut an.

APARAN – SPITAK - VANADZOR

Aparan ist schnell abgehakt. Ein unscheinbares Städtchen. In der Nähe der Busstation – ab hier werde ich mit dem Bus nach Vanadzor fahren – entdecke ich eine etwas schmuddelige Kaffeestube, über der Tür ein windschiefes Schild, handgemalt, die Farbe blättert wohl schon seit Jahrzehnten, kaum noch lesbar: Musch. Aus Musch also, einer westarmenischen Stadt im Anatolischen, südlich von Erzurum, kommen diese Leute, Flüchtlinge, Überlebende des osmanischen Massenmordens von 1915. Hier sind sie gestrandet, hier haben ihre Nachfahren ihnen ihr ganz persönliches Denkmal gesetzt. Die Kaffeestube Musch. Ich bestelle einen Kaffee mit extra viel Zucker und radebreche inzwischen ein paar Worte mit dem Wirt. Ja, die Familie ist damals, „zu Fuß wie du" – er lacht – nach Aparan geflohen. Die meisten haben es nicht geschafft, ihre Knochen liegen irgendwo verstreut in der alten Heimat herum, aber die Großeltern sind durchgekommen. Sie sind mit ihren Eltern in dieses Dorf gezogen und sind geblieben. Wie viele andere auch. Er zählt Namen auf, alles Vertriebene, neue alte Nachbarn für ihn.

Der Kaffee wirkt wie immer, er lässt die Gedanken ausschweifen, in Regionen jenseits meiner Wirklichkeit. Musch, oder Malatya, Amassia, Sivas, namenlose Friedhöfe schänden diese und viele andere türkischen Städte bis heute. Die eineinhalb Millionen Mordopfer von 1915 haben nie eine Ruhestätte in Würde gefunden. Verscharrt, verunglimpft, verleugnet nisten sie noch immer als quälende Glutnester in der kollektiven Erinnerung der türkischen Generationen, die den Tätern nachfolgten.

Warum diese Angst vor der Wahrheit, warum dieser Hass, fast einhundert Jahre konserviert wie ein alter Wein, der im Keller liegt, den wir hoch schätzen und von dem wir doch wissen, dass er pures Gift wäre, wenn wir ihn öffneten? Projektionen des eigenen Gewissens? Der Chefredakteur der „Zeit", Giovanni di Lorenzo, beschreibt viele Familien aus seinem – deutschen - Umfeld als „wurzellos" und „armselig": „Die meisten ihrer Geschichten und Erinnerungen enden im Zweiten Weltkrieg, an der Mauer des

Schweigens, die da gezogen wurde. Die Angst, hinter dieser Mauer Verstörendes zu finden, ist auf lange Sicht aber bedrückender als die Erschütterung über die Dinge, die man möglicherweise entdecken würde, wenn man nur nach ihnen fahndete."

Einer, der versucht hat, in seinem Land, in der Türkei, diesen Kreislauf von Angst und Hass zu durchbrechen, der den Dialog suchte zwischen den Nachfahren der Opfer und den Nachfahren der Täter, war der armenische Journalist Hrant Dink. Er scheiterte, er zahlte dafür mit seinem Leben, wurde am 19. Januar 2007 auf offener Straße in Istanbul erschossen.

HRANT DINK - BRIEF AN EINEN TOTEN

Lieber Hrant Dink, wir kennen uns nicht und Sie werden diesen Brief nicht mehr lesen. Wenn ich ihn dennoch schreibe, dann, weil ich wütend bin: Sie hätten gehen sollen, Sie hätten Ihr Land verlassen sollen, Sie hätten jenen Zigtausenden Ihrer Leute folgen sollen, die 1915 über die Grenzen Ihres Landes entkommen konnten. Sie sind nicht gegangen. Jetzt sind Sie tot. Tot wie jene anderthalb Millionen, die damals nicht über die Grenzen entkommen konnten. Bestimmt kannten Sie die Diaspora und wussten, dass die armenische Diaspora nicht nur ein politisches Exil, dass sie vielmehr ein verlorener

Stern ist, der langsam und unaufhaltsam unter der lodernden Flamme einer furchtbaren Lüge verglüht. Sie kannten, so denke ich mir, all diese Opfer der Völkermordlüge, die vielen verkrüppelten Seelen, die zerstörten Existenzen, die verzweifelten Herzen Ihrer Landsleute draußen – ein Spiegelbild der vielen verkrüppelten Seelen, der zerstörten Existenzen, der verzweifelten Herzen Ihrer Landsleute drinnen. Sie sind nicht gegangen. Jetzt sind Sie tot. Sie hofften auf die Zeit, hofften, dass Sie Ihr Land verändern, dass Sie mit Ihrer Arbeit Ihre Leute und Ihr Land versöhnen könnten. Geduldig und behutsam waren Sie, und so stelle ich mir auch, da ich Sie nicht gekannt habe, Ihre Art vor: geduldig und behutsam. Sie hofften auf die Zeit und verzichteten auf Pathos, auf Proklamation, auf Provokation – immer sorgsam darauf bedacht, Ihrer Sache zu dienen und doch Ihre Landsleute und sich selbst nicht in Lebensgefahr zu bringen.

Für diese Arbeit, die in Ihrem Land großen Mut erfordert, hat ein angesehenes deutsches Wochenmagazin Sie mit dem renommierten Henri-Nannen-Journalistenpreis ausgezeichnet. Ich habe mich mit Ihnen gefreut, aber ich habe auch befürchtet: Jetzt muss er sein Land verlassen. Sie sind nicht gegangen. Jetzt sind Sie tot.

Ganz sicher haben Sie all diese Zeichen gesehen, all diese abstrusen Aktionen Ihrer Regierungen, um die Lüge zu verlängern. Ganz sicher haben Sie gesehen, wie auch Vertreter meines Landes

Gift gestreut haben. Unser Parlament hat den Völkermord anerkannt und die Lüge verurteilt, aber das hat diese Leute nicht abgehalten: unseren Häuptling nicht, der mit Ihrem Häuptling die perfide Idee einer Historikerkonferenz wg. Relativierg. d. Völkermords teilte; den Vorsitzenden nicht, der fand, wir hätten in unserem Land Wichtigeres zu tun als uns um irgendwelche Krawalle von vor 90 Jahren irgendwo weit weg zu kümmern; die fröhlichen Animateure nicht, die auf Menschenrechte pfiffen, um den EU-Beitritt Ihres Landes nicht zu gefährden.

Oh ja, auch wir in unserem Land haben Verantwortung für das Klima in Ihrem Land, dem Sie nun erlegen sind. Das alles haben Sie doch ganz sicher gesehen. Sie hätten gehen sollen. Sie sind nicht gegangen. Jetzt sind Sie tot.

Es ist die Lüge, die Sie umgebracht hat. Manchmal frage ich mich, ob diese Lüge nicht inzwischen mehr Opfer gefordert hat als der Völkermord selbst. Diese Lüge hat Ihr Land vergiftet, sie versperrt ihm den Zugang zur eigenen Geschichte, sie verhindert, dass die Menschen in Ihrem Land über die Grenzen unterschiedlicher Erfahrungen, unterschiedlicher Religionen, unterschiedlicher Traditionen wieder zueinander finden. Sie haben all das gewusst. Seit vielen Jahren mussten Sie jeden Morgen, wenn Sie den Fuß vor die Tür Ihres Hauses setzten, den Heckenschützen fürchten. Wie haben Sie mit dieser Angst gelebt? Kannten Sie jenen alten Mann aus Ihrer Nachbarschaft, der sein Leben lang, Abend für Abend, mit einer Axt unter der Bettdecke schlafen gegangen ist?

Sie sind dennoch nicht gegangen. Ich ahne, dass Sie eine Hoffnung hatten: Überzeugung. Ich ahne, dass sie hofften, das dichte Lügengeflecht zu durchlöchern und die Menschen zu überzeugen, dass Versöhnung nur mit Respekt und Anerkennung möglich sei. Wenn es stimmt, was mir Freunde sagen, gibt es mittlerweile eine ganze Menge Leute, die Sie überzeugt haben, Intellektuelle, Menschenrechtler, Pazifisten.

Allerdings, leider: Die meisten können sich nur im Exil äußern oder müssen, wenn sie nicht gerade Nobelpreisträger sind, mit Verurteilungen rechnen. So wie Sie verurteilt wurden wegen Beleidigung des Türkentums. Sie hätten gehen sollen, spätestens nach diesem Richterspruch. Sie sind nicht gegangen. Jetzt sind Sie tot. Sie lächeln? Ich glaube, ich habe Sie eben lächeln gesehen. Ach klar, Sie kennen das Muster besser als ich. Da wird der Welt nun also ein Junge präsentiert, der Sie erschossen hat. Ein Einzeltäter, nehme ich an. Aber so ist es doch immer, wenn ein Ehrenmord notwendig ist: Da wird der jüngste männliche Vertreter der Familie vorgeschickt, weil er strafunmündig ist oder weil er jung genug ist, nach ein paar Jahren, von seiner Familie aufgefangen, ein neues Leben zu beginnen. Sie lächeln? Na gut, vielleicht lächeln Sie aus einem anderen Grund. Vielleicht haben Sie gerade diese Vision, die ich auch manchmal träume: Ihr Präsident, Gast im europäischen Parlament, verbeugt sich vor den Opfern des Völkermords und von Stund an geht es vorwärts mit der inneren Versöhnung der Türken, mit der inneren Versöhnung der Armenier und mit der Versöhnung beider Völker. Sie lächeln immer noch? Sie finden meinen Traum naiv? Es ist ja auch nur ein Traum. Sie hätten gehen sollen. Sie sind nicht gegangen. Jetzt sind Sie tot. Dass Sie nicht gegangen sind, macht mich wütend. Dass Sie nicht gegangen sind, ehrt Sie und ich bewundere Sie dafür. So finde ich nun auch einen Grund, zu lächeln: Vielleicht hatten Sie recht, nicht zu gehen.

Vielleicht ist dieser Mord nur noch der letzte verzweifelte Akt eines Systems, das erkennen muss, wie das fein gesponnene Gespinst einer 90 Jahre währenden Lüge zerschlissen, von Motten zerfressen, von Winden verweht, von mutigen Menschen zerrissen, von der Zeit erschlafft, von der Wahrheit zerfetzt ist. Sie hätten gehen sollen. Sie sind nicht gegangen. Jetzt sind Sie tot. Ihr Tod ist nicht umsonst.Ich kann Ihnen diesen Brief nicht mehr zustellen. Also werde ich ihn jetzt unterschreiben, in die virtuelle Welt des Internets geben und dann in meinem Garten im Wurzelgeflecht eines Weinstocks vergraben, den ich vor 32 Jahren aus Jerewan nach Deutschland gebracht habe. Vielleicht findet ihn dort ein Engel und liest Ihnen diese Zeilen vor.

JM, Januar 2007

Der Bus ist pünktlich. Ich zahle 100 Dram für meinen Kaffee, das sind gerade einmal 20 Cent, und weiter geht es. Mein Rucksack findet kaum Platz zwischen den dicken Taschen mit Auberginen und Tomaten, zwischen den Paletten leerer Einweckgläser und den Körben mit „Hon", diesen rot leuchtenden Kornelkirschen, die in Östereich lustiger Weise Dirndl heißen. Man verarbeitet sie hier zu Marmelade, zu Erkältungssaft, zu Obstwein und zu was weiß ich noch. Sie sind sehr beliebt in dieser Jahreszeit, immer und überall preisen Frauen am Straßenrand ihre Ernte an. Die Kundschaft prüft sorgsam, probiert hier und probiert da und kauft dann auf jeden Fall. Mir schmecken sie nicht sonderlich.

Wir kommen nach Spitak, eine schlanke neue Kirche links oben am Hang, belebte Straßen, eine mittelgroße Stadt von knapp 20.000 Einwohnern. Unauffällig. Auf den ersten Blick.

„Spitak gibt es nicht mehr." Das war die Botschaft, die sich am 7. Dezember 1988 wie ein Lauffeuer im ganzen Land verbreitete – das Erdbeben, das hier sein Epizentrum hatte, hinterließ eine Trümmerwüste und zig Tausende Toter. Voller Liebe und Respekt spricht ganz Armenien noch heute von den Bürgern Aparans: Als sie an jenem Tag die Nachrichten hörten, machten sie sich sofort auf den Weg, mit Auto, mit Minibus, zu Fuß. Sie brachten die ersten Hilfsgüter, sie gruben mit bloßen Händen Verletzte aus, leisteten erste Hilfe. In diesem Moment vergaßen sie ihre eigene Armut und sammelten Kleider,

DAS GROSSE BEBEN

Exakt um 11.41 Uhr bebte die Erde, und nichts war mehr so wie bisher: 25.000 Menschen starben, mehr als 500.000 Menschen waren von heute auf morgen obdachlos. Das war der 7. Dezember 1988, ein Tag, der sich ins Gedächtnis der Armenier eingegraben hat. Viele Bürger und Organisationen in Deutschland und in aller Welt übten eine beispielhafte Hilfsbereitschaft - nur mit dieser Hilfe konnte es gelingen, die Folgen für die Betroffenen aufzufangen oder doch zumindest ein wenig zu mildern. Hilfslieferungen aus dem Ausland, Geldspenden, medizinische Ausrüstungen, andere Unterstützung vielerlei Art haben mit dazu beigetragen, dass sich das Wunder der Wiederauferstehung Armeniens ereignen konnte. Für das ganze Land ist der 7. Dezember ein Tag des Gedenkens an unvorstellbares Leid und ein Tag der Dankbarkeit für großherzige Hilfe zugleich.

Als das Erdbeben Armenien heimsuchte, dauerte es gerade ein paar Minuten, bis eine der größten Städte des Landes dem Erdboden gleichgemacht war: Spitak war eine einzige Ruine. 58 Dörfer waren vollständig zerstört, weitere 100 Dörfer schwer beschädigt. Es gibt Schätzungen, die sogar von bis zu 40.000 Toten und bis zu einer Million Obdachlosen ausgehen. Einen schweren Schock lösten damals Medienberichte über öffentliche Jubelfeiern in Aserbeidschan aus.

Decken, Plastikplanen, sie plünderten ihre Vorräte und buken Brot für die Opfer der Katastrophe. „Sie waren einfach wunderbar," sagt mir Arpine mit Tränen in den Augen, „das werden wir nie vergessen."

Heute sind die Spuren kaum mehr sichtbar, die Stadt ist ein bisschen zur Seite gerückt, weg von den gefährlichen tektonischen Platten, und hat sich neu erfunden. Obdachlose? Es gibt noch einige, aber das sind keine Erdbebenopfer mehr, sondern Flüchtlinge aus Aserbaidschan, Opfer des Kriegs um Arzach.

Während ich aus dem Fenster schaue und mir die Kulisse des neuen Spitak ansehe, denke ich: Schon wieder Opfer! Mein Planet taumelt durch die Galaxien und scheint eine magische Anziehungskraft entwickelt zu haben für desaströse Schicksalsschläge. Höchste Zeit, gegen zu steuern.

Kirowakan, wie die meisten hier noch aus guter alter sowjetischer Gewohnheit sagen. Es ist kaum zu glauben, was mir geschieht: Einer kennt einen, der einen kennt, der einen kennt, das ist hier so wie überall auf der Welt. Und immer noch kann einer dem anderen etwas Gutes tun. Seilschaften? Heute sind sie so wichtig und richtig wie früher, nur heute nennen wir das Netzwerkarbeit. Vahagn kennt Samvel, Samvel kennt Edig. So lande ich in einem alten, etwas abseits gelegenen Hotel. Das verriegelte Eisentor wird eigens für mich aufgeschlossen, das Haus scheint ausgestorben. Ich habe die freie Wahl, entweder ein Zimmer im Haupthaus mit riesigen dunkelbraun bezogenen Polstermöbeln, oder eine Holzhütte unter Kiefern mit einem kläffenden Hund am Grundstücksende. Ich nehme die Hütte. Am Abend wird eine junge Dame kommen und ein Essen bereiten.

Das heißt für mich Muße, zwei Stunden im Gras liegen, ein paar Notizen für das Tagebuch, träumen, staunen, was dieses Land für mich parat hält. Früher, in Sow-jetzeiten, muss es hier viele Touristen gegeben haben, das Haus war, wie man mir später erzählt, immer voll ausgebucht. Heute? Gähnende Leere. Ich mache einen indiskreten Rundgang. Eine riesige Küche, einige Zimmer rechts und links des breiten Gangs, der mit einem abgetretenen Teppichläufer ausgelegt ist, eine hohe verschlossene Flügeltür, hinter der sich, wie ich bald erfahre, der Salon befindet, am Ende der Festsaal. Sowjetcharme. Die Gardinen hängen etwas trüb vor den Fenstern, die längst nicht mehr geputzt werden, ausgeblichene bunte Girlanden flattern von der Decke, der Kronleuchter zeugt von alten Zeiten. Wann ist hier das letzte Silvesterfest gefeiert worden? Oder die letzte Hochzeit?

Nadja, Köchin und Zimmermädchen, holt mich gegen 6 Uhr ab: Bitte folgen sie mir. Sie führt mich wortlos in den Salon. Stuckverzierte Decken und Wände, ein Klavier, ein überdimensionaler Flachbildschirm, in der Mitte ein großer ovaler Esstisch, mit feinem Porzellan, kristallenen Wein- und Schnapsgläsern und filigranem Silberbesteck für 12 Leute eingedeckt. Nur ein Stuhl besetzt. Und da sitzt er – Jack Nicholson.

Keine Frage, Stephen King hat mich hierher gebeamt: Shining in Vanadzor. Jack schenkt mir einen Wodka ein, lädt mich ein, Platz zu nehmen, und signalisiert mit einem knappen Kopfnicken in Richtung Nadja, sie könne nun auftragen. Wir beginnen mit einem zweiten Wodka, dann Käse und Grünzeug, geschmorte Tomate und Zucchinimus. Nur mühsam entsteht ein Gespräch. Jack heißt Edig, ihm gehört dieser Laden, er ist befreundet mit Samvel, und weil Samvel mit Vahagn und der wiederum mit mir befreundet sei, seien auch wir nun Freunde – darauf müssen wir wieder mit einem Wodka anstoßen. Und dann stellt er mir eine betörend hübsche junge Dame vor, die seine Tochter ist, ihn strahlend anhimmelt und den Wodka genauso spielend schluckt wie der Papa.

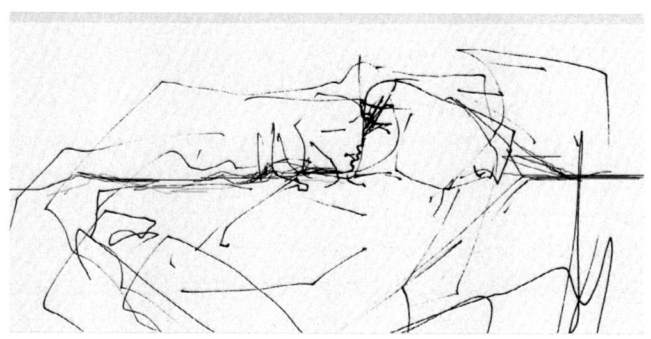

LEGENDE II

Astghik, die Göttin der Liebe und der Schönheit, verguckte sich in ihren Helden Vahagn. Es geschah in Vanadzor, und dort, tief unten in der Schlucht, tauschten sie den ersten leidenschaftlichen Kuss. Um diesen heiligen Augenblick zu verewigen, schickt Astghik bis heute, verborgen unter einem zarten Nebelfetzen, einen Schönheitsstrahl über alle neugeborenen Mädchen von Vanadzor. Das ist der Grund dafür, dass die Armenierinnen in dieser Stadt so bezaubernd hübsch sind. Nicht umsonst vermerkt der berühmte Maler Martiros Sarjan, dass dieser Ort „die Stadt der Schönheiten" sei.

Essen so scheint mir, ist manchmal nur Vorwand für ein feucht-fröhliches Gelage. Verträgt sich solche Zecherei mit meinen Pilgerzielen? Spanier würden, ich weiß, lauthals über die Frage lachen. Ich überhöre sie trotzdem nicht ganz. Ich muss geschickt hantieren mit meinem Glas, so tun als ob, mittun und doch nüchtern bleiben. Das respektiert hierzulande jeder Gastgeber. Edig ist der Patron, der Chef, der Geschäftsmann. Und doch spüre ich, es gibt noch einen anderen Mann, der sich hinter dieser Maske verbirgt. Und tatsächlich: ein Komponist. Er hat Gedichte vertont, eine Hymne auf die „Mutter des Berges" geschrieben, der hoch oben, weit über der Stadt, ein großes Standbild gewidmet ist. Schließlich spielt er mir ein Lied vor, das er seinem Bruder gewidmet hat, einen Nachruf für die Ewigkeit. Bevor er mich – vorläufig - entlässt, lädt er mich ein, in vier Tagen wieder zu kommen, dann findet wie jedes Jahr die populäre Pilgertour statt, hinauf auf den Berg, hinauf zur Mutter des Berges. Man bringt ihr einen Khatchkar mit, mindestens einen neuen Kreuzstein in jedem Jahr. Es müssen schon einige dort oben stehen. Ein Besuch würde sich lohnen.

Aber ich pilgere in andere Richtung, ich werde keine Zeit haben.

„Um 10 Uhr kommen wir auf einen Wodka wieder." Ich hoffe, ich habe ihn missverstanden. Aber tatsächlich klopft Nadja kurz vor 10 an meine Tür, stockdustere Nacht. Wenn Sie mir bitte folgen. Ich folge ihr wieder in den Salon. Es ist frisch eingedeckt. Die junge Dame neben Edig hat gewechselt, ob auch sie eine Tochter ist, werde ich heute Abend nicht mehr erfahren. Aber andere Gäste kommen, darunter auch Samvel, dem ich diesen Abend verdanke. Er ist Autor, Chefdramaturg des Bezirks Lori, ein subtiler Kenner von Land und Leuten, wie Edig einer der 22 „Ritter von Lori". Er stellt mir Norik vor, Gründer und Vorsitzender der Nichtregierungs-organisation (NGO) Interkap. Morgen werde ich ihn treffen, dann wird er mir von seiner Arbeit berichten.

Heute ist aber erst noch einmal der Wodka dran, dazu ein kräftiges Stück Chorowatz, Bratkartoffeln, Auberginen. Unser Gastgeber entwickelt Perspektiven: Der Tourismus ist tot, die Industrie zusammengebrochen, wir müssen endlich etwas tun. Sein Metier ist die Gastronomie, er weiß genau, was Not tut: Wir müssten endlich die alten Wege wieder öffnen, kleine Restaurants für den Hunger zwischendurch, ein paar einfache Unterkünfte hier und da, in Scharen würden die Leute wieder kommen.

Ich sag es doch, es geht nicht um staatliche Mega-Investitionen, es geht um kluge, langfristige, nachhaltige Projekte. Dieses Land ist so unglaublich schön, man müsste es nur ein wenig frisieren. Sicher ist der Tourismus nicht das Allheilmittel gegen Entindustrialisierung, gegen Abwanderung und Armut. Immerhin könnte er aber doch ein Programmpunkt auf der Agenda sein. Es gibt, ich weiß, Ansätze hier und da, aber man kann mit wenig Mitteln viel mehr tun - wenn man wirklich interessiert wäre an der Entwicklung der Regionen und nicht nur das Schaufenster Jerewan im Blick hätte.

Wo werde ich morgen ein Bett finden?

Norik holt mich ab. In einem Hinterhof von Vanadzor hat er sein Büro, geschmückt mit Fußballwimpeln, Konzertplakaten, Fotos von Charles Aznavour. Interkap, das ist sein Kind. Er hat diese Organisation unmittelbar nach dem großen Erdbeben gegründet, es ging zunächst um akute humanitäre Hilfe. Aber er erkannte schnell, dass diese Arbeit nicht in wenigen Jahren erledigt sein würde. Er knüpfte Kontakte mit Hilfsorganisationen in vielen Ländern Europas und Amerikas, er initiierte Konzerte einheimischer Künstler im westlichen Ausland und holte im Gegenzug Künstler aus dem Ausland nach Vanadzor. Viele persönliche Freundschaften verbinden Interkap bis heute mit einem Netzwerk internationaler Gruppen. Nicht zuletzt die flammende Begeisterung Noriks für den Fußball trägt dazu bei, die Kontakte zu mehren und zu festigen.

Er organisiert eigene Jugendturniere mit internationaler Beteiligung, andererseits schickt er Jugendmannschaften aus der Region nach Frankreich, nach Deutschland, Italien und in viele andere Länder. Die Zahl der Projekte ist fast unüberschaubar. Auch Arzach - nach dem Krieg am Boden, ausgeblutet, hungrig – wurde in die Programme aufgenommen. Die Verteilung von Medikamenten allerdings musste zwischenzeitlich eingestellt werden, weil Jerewan eigene Interessen in dieser Richtung hegte. Der jüngste Plan: eine billige Buslinie von Vanadzor über Ulm nach Paris. Alle 14 Tage sollen die Busse fahren, eine Möglichkeit für die vielen Armutsflüchtlinge, wenigstens ein- oder zweimal im Jahr ihre Familien zu besuchen.

Interkap gründete 1999 den Orden „Ritter vor Lori", in streng geheimer Wahl werden Mitglieder aufgenommen, die sich um die Region verdient gemacht haben. Drei dieser Ritter hatten wir gestern an unserem denkwürdigen Tisch zu Gast...

FUSSBALL-DIPLOMATIE

Zum ersten Mal seit Gründung der Bundesrepublik Deutschland reist ein deutsches Staatsoberhaupt nach Israel. Der Bundespräsident besucht dort ein Fußballspiel, bejubelt die Tore der eigenen und anerkennt freundlich die Leistung der anderen Mannschaft. Reist wieder ab. Kein Wort zum Holocaust, kein Wort der Scham, schon gar keine Bitte um Entschuldigung. Und die Weltpresse jubelt über eine großartige Friedensinitiative... Fußball-Diplomatie.

Nicht vorstellbar? Genau das ist geschehen, als Präsident Abdullah Gül am 6. September 2008 zum ersten offiziellen Besuch eines türkischen Staatsoberhauptes nach Armenien kam. Er besucht ein Fußballspiel, bejubelt die beiden Tore der eigenen und anerkennt freundlich die Leistung der anderen Mannschaft. Reist wieder ab. Kein Wort zum Völkermord, kein Wort der Scham, schon gar keine Bitte um Entschuldigung. Und die Weltpresse jubelt über eine großartige Friedensinitiative... Fußball-Diplomatie.

Es geht auch anders. Nach dem Erdbeben und nach dem dramatischen Ende der Sowjetunion liegt der Fußball in Armenien am Boden. Alles scheint wichtiger als das. Da legt einer den Hebel um, er lädt ausländische Mitarbeiter der Hilfskonvois auf den Bolzplatz und lässt sie gegen junge armenische Sportler antreten. Er bildet Jugendmannschaften und organisiert Turniere im In- und Ausland. So entstehen Freundschaften, Einladungen, Netzwerke. Fußball-Diplomatie.

VANADZOR - DSEGH

Norik begleitet mich noch bis zur Brücke über den Fluss, dann wird endlich wieder gepilgert. Die M6 ist längst nicht so stark befahren wie die M3 vor Vanadzor, hier lässt sich gut laufen, auch wenn die Lkws mir doch manchmal reichlich nah kommen. Erinnerungen an den Jakobsweg – auf dem Camino gab es ähnliche Strecken, ängstlichere Typen geraten schon gern mal in Panik. Erste bewaldete Hügelketten, Grün statt Braun, Gebüsch und Bäume statt staubiger Stoppelfelder und warm-roten Tuffsteins, sanfte Berge, Voralpen-Panoramen. Und zwischendurch immer mal wieder die eine oder andere Fabrikleiche.
Zwischen Vanadzor und Alaverdi und weiter den Fluss Debed hinauf verlief eine starke industrielle Schlagader Armeniens. Sie ist ausgetrocknet. Die Eisenbahngleise rosten vor sich hin, kaum Schienenverkehr auf einer Strecke, die bis hinüber nach Georgien reicht. Angeblich fährt einmal wöchentlich ein Personenzug, es soll auch Gütertransporte geben. Ich habe tagelang nichts davon gesehen. Ich pilgere so vor mich hin und freue mich, dass die Natur sich hier oder dort neues altes Terrain zurück erobert – plötzlich,

auf freiem Feld, eine Fata Morgana. Las Vegas. Gambling Center. Glänzende verspiegelte Außenwände, zwei angeleinte Kampfhunde in Habachtstellung, ein junger Aushilfsboss in schickem schwarzem Outfit, der gelangweilt und betont uninteressiert seine Nägel poliert. Absurd, völlig meschugge, aber irgendwie muss korruptes Geld wohl wieder gewaschen werden.

Die breite tiefe Schlucht gibt die Richtung nach Norden vor. Auch hier immer wieder das Gefühl, dass da unten neben dem Flussbett ein Weg entlang führt, der mir verschlossen bleibt. Unversehens ein Spaziergänger. Wohin, woher, frage ich ihn. Spazieren. Kurz angebunden ist er: „man galu", spazieren.

Na gut, also spaziert er mit seinen geschätzten 73 Jahren von Vanadzor hinauf in die Berge, einen Sack auf dem Rücken für ein paar schäbige Chausseeäpfel und für die Wasserflasche – getrunken wird fein aus dem Becher -, vor dem Bauch, eingehängt in ein zerfasertes Stück Seil, die aufgeschnittene Plastikflasche. Da hinein sammelt er die letzten Brombeeren dieses Sommers. Wahrscheinlich hat ihm seine Alte gesagt: Tu was Vernünftiges, geh Beeren sammeln. Er geht spazieren. Man galu.

Mein mit Nutella gefülltes Brötchen, ein Stück Wegzehrung von Norik, lehnt er ab. Am Ende aber bricht der Widerstand, er beißt mit großem Wohlbehagen hinein. Ich verabschiede mich und mache mich auf den Weg. Aber unverhofft, vielleicht vier Kilometer weiter, steht mein Spaziergänger wieder vor mir. Hase und Igel. Ein böser Trick. Oder ein Phantasiewesen, ein Doppelgänger, eine Halluzination? Da fällt mir endlich doch auf, dass er vorher noch keine Adidas-Streifen an der Hose hatte, seine Mütze war schwarz, nicht grün.

Manchmal laden hübsch gelegene Rastplätze am Wasser zu einer Ruhepause ein. Einladungen, die ich leider ausschlagen muss: Müll, Müll, Müll. Das ganze Land vermüllt, die schönsten Plätze vermüllt. Plastikflaschen, Autoteile, Babywindeln, Überreste von Picknickfesten, ausrangierte Möbel, Millionen Kunststofftüten. Müll. Es ist wie bei mir zu Hause, an meinem geliebten Werdersee. Jeden Montagmorgen, und nicht nur am Montagmorgen, hat sich dort eine Wüste von Müll ausgebreitet. Die Menschen lassen ihren Abfall dort liegen, wo sie ihn produzieren. Wenn sie dann am nächsten Tag wieder kommen, hat Stadtgrün den See schon geputzt, das Spiel kann von Neuem beginnen. Das ist der Unterschied: Hier in Armenien gibt es kein Stadtgrün, das die Flussufer putzt, keinen Sheriff, der Bußgelder verhängt wie in Amerika. Und die Menschen? Sie haben wohl andere Sorgen. Selbst im Internet finden sich Bilder dieser armenischen Müllschande. Vielleicht kommt ja doch irgendwann einmal Bewegung in diese leidige Sache?

Auch die meisten Raststätten sind verwaist, rotten vor sich hin, niemand kehrt hier mehr ein. Aber dann zieht mir doch irgendwo ein vertrauter Duft in die Nase. Da wird Chorowatz bereitet, ein Restaurant, idyllisch in einer Flussbiegung gelegen. Ich will nur einen Tee. Kein Chorowatz? Zu früh am Tag. Für Chorowatz ist es nie zu früh! Ich will nur einen Tee. Fassungslosigkeit. Die Leute wissen auch gar nicht, wie sie diesen Tee berechnen sollen, er steht nicht auf der Karte, die es ohnehin nicht gibt.

Wo kommst du her, fragt mich eine junge Frau. Aus Deutschland. Zu Fuß? Wo kommt der her, fragt die Köchin die junge Frau. Aus Amerika. Zu Fuß? Sie probieren meine Laufstöcke aus, amüsieren sich königlich, und der Tee ist geschenkt. An einer schmalen Brücke biege ich von der Hauptstraße ab. Glück gehabt. Es ist der richtige Weg nach Dsegh, dem Geburtsort des Dichters Hovhannes Toumanian. In unendlichen Serpentinen geht es steil hinauf in eine liebliche Hochebene. Die Felder schon abgeerntet, die Stoppeln werden nach schlechter Urvätersitte auch hier noch einfach abgefackelt. Es riecht nach Rauch, nach spätreifen Äpfeln, nach vagabundierenden mageren braunen Rindern. Mein Blick streift weit hinüber an den Horizont, wo die Sonne gerade hinter den fernen Gipfeln versinkt. Leichter Abendwind kommt auf. Die Mühe des Aufstiegs wird belohnt, hier oben ist Frieden. Hier lebt es sich offenkundig so abgelegen, dass manches Auto sogar ohne Kennzeichen auskommt. Es ist zu spät, um noch weiter zu ziehen. Also ein Bett

DER RESTAURANT-BESUCH

Es ist eine hübsche Illusion, zu glauben, du könntest in einem armenischen Restaurant ein Essen bestellen – oder gar, mit mehreren Personen, für jeden ein eigenes Gericht ordern. Das hieße nur, die Bedienung in die Verzweiflung und die Köchinnen ins Chaos stürzen. Die Bestellung sollte man auf jeden Fall einem Einheimischen überlassen. Er wird es schon richtig machen. Obwohl ich durchaus den Verdacht habe, dass auch die Einheimischen die Geheimnisse der Küchen und Kellner nicht durchschauen. Vermutlich nicken sie nur ab, was ihnen da vorgeschlagen wird. Manche Speisen kommen ohnehin ganz von allein schon mal prophylaktisch auf den Tisch: Haz u banir zum Beispiel, Brot und Käse. Und grüne Kräuter und Gurken und Tomaten. Zum späten Frühstück gibt es gern Bratkartoffeln und Spiegelei, danach aber ist der Weg frei für das ewige Chorowatz, gegrilltes Gemüse und Fleisch, meist vom Schwein, manchmal auch vom Huhn oder vom Lamm. Und dieses Fleisch ist köstlich – bio, naturgewachsen, unverfälscht. Daran, dass immer viel zu viel Essen auf den Tisch kommt, muss man sich gewöhnen. Niemand erwartet, dass du den Teller sauber schleckst.

suchen für die Nacht. Am Toumanian-Museum bringe ich die Frauen ein wenig in Verlegenheit. Sie wüssten da schon was, aber das ginge wohl nur gegen Bezahlung? Ja klar, natürlich werde ich für die Nacht bezahlen. Auch wenn ich mich, es fällt mir siedendheiß ein, vor ein paar Tagen nicht getraut hatte, den beiden wunderbaren Alten ein paar Scheine zuzustecken.

Ich komme in einem Haus mitten im Dorf unter, Klo im Garten hinter dem Mais, der die Wintervorräte für das Hühnervieh liefern soll. Überall im Haus verteilt Betten – also gibt es viele Kinder und Enkelkinder. Sie sind alle in Jerewan, arbeitslos auch dort, nur der eine Sohn ist gerade zu Besuch. Er ist amerikanischer Präsident von Geburt an – getauft auf den Namen Roosevelt.

Ich frage mich manchmal, warum wir nicht auch unseren Kindern so schöne Namen geben wie Deutschland (Hayastan=Armenien), Zugspitze (Ararat), Geschenk (Never), Blitz (Shant), Himmelfahrt (Hambarzum), Hahn (Varujan) oder gar Rache (Wrezh).

Mein Sohn heißt also Rache, ich rufe ihn zum Abendessen ins Haus, lehne mich weit aus dem Küchenfenster und rufe hinüber zum Kinderspielplatz: Raaaache!

ROMAN II

Rache. - Sein Magen erkannte das Schwein eher als er, und die gleiche Übelkeit von damals machte ihm klar, wen er entdeckt hatte, auch wenn er alles versucht hatte, zu vergessen. Aber jetzt war die Gelegenheit, jetzt hatte er den Prügel in der Hand. Er griff ihn aus der Menge heraus und zerrte ihn auf die Beine. Ratlos, mit einem „Warum ich?" in seinem Blick, schaute der andere ihn an. Nicht einmal wiedererkannt hatte er ihn. Mit einem Stock stieß er ihn nach draußen. Es war so finster, dass man kaum etwas sehen konnte. Nach wenigen Schritten stolperte der andere und fiel. Da prügelte er auf ihn ein, der Mann schrie auf. Aber das war nicht richtig, er sollte nicht schreien.

Er wollte den anderen in dieses schwarze Loch ziehen, aus dem er selbst nicht herausfand, seitdem er ihn das letzte Mal getroffen hatte. Er wollte, dass der andere fühlte, was er fühlte, dass er die gleiche Angst verspürte wie er, dass er die gleiche vergebliche Hoffnung spürte wie er, diese verzweifelte Hoffnung auf einen einzigen Lichtstrahl. Er wollte, dass dieses Schwein fühlte, was er ihm angetan hatte. Er wollte ihm in die Augen blicken und sehen, dass er erschrak über das, was er getan hatte. Aber der andere hörte nicht auf zu schreien und bettelte um Gnade. Er schlug auf ihn ein, bis aus dem Schreien ein leises Wimmern wurde. Erst als dieses Wimmern verstummte und er so erschöpft war, dass er den Prügel nicht mehr heben konnte, blickte er auf den anderen hinunter – und sah in einem schwarzen Loch: allein sich selbst.

Philipp Alexander Schmitt, Granada

Es beginnt zu regnen, ein guter ausgewachsener Abendregen. Und es donnert, fast hätte ich vergessen, dass es solche Wetterkapriolen noch gibt. Sogar in Armenien. Rima tischt mir ein kleines Abendessen auf. Bohnen, eine Gemüsesuppe, Brot, Käse, Tomaten. Wir haben gerade gegessen, meint sie, als ich nachfrage. Wir haben gerade gegessen, das höre ich auf dieser seltsamen Reise häufiger, wenn ich irgendwo eingeladen bin. Später sehe ich, wie sich Rima und ihr Mann Hrant Brot in eine Schale Joghurt bröckeln.

Am nächsten Morgen basteln meine Gastgeber ein Schild: Herberge. Ich darf ihnen die Vorlage zeichnen für das englischsprachige Pendant: bed & breakfast. Manche Leute lernen schnell, hoffentlich haben sie Erfolg. Für das sechstägige Toumanian-Festival, das gerade im Dorf gefeiert wird, sind sie ein wenig spät dran. Heute Nachmittag gibt die Puppenspielertruppe aus Jerewan ihre letzte Vorstellung, morgen werden die Girlanden, die Plakate und die Fahnen rund um das Geburtshaus des Poeten abgehängt. Dann wird es wieder ruhig im Ort. Aber nächstes Jahr gibt es ein neues Fest, ganz sicher.

HOVHANNES TOUMANIAN

Er hätte gut der Vater von William Saroyan sein
können. Vater und Sohn, geniale Geschichten-
erzähler, was für eine schöne Vorstellung. Der
eine gilt als einer der bedeutendsten und erfolgreichsten Dichter Armeniens, der andere, ebenfalls Armenier, war einer der wichtigsten und
erfolgreichsten amerikanischen Autoren des 20.
Jahrhunderts.

Sie sind nun leider nicht
Vater und Sohn, aber beide teilen ein Schicksal:
Vielfach ins Deutsche übersetzt, sind sie heute
auf dem hiesigen Buchmarkt nur noch spärlich
zu finden, da muss der Leser schon eine ganz
besondere Spürnase haben. Hovhannes Toumanian, 1869-1923, hat das Fabulieren schon mit
der Muttermilch aufgesaugt, seine Mama – und
das war vermutlich bei Saroyan nicht viel anders - war im ganzen Dorf bekannt als phantasievolle Märchentante. Sie brachte ihm die
Fabeln des Landes nahe, die Legenden, sie

erzählte ihm die Geschichten aus dem Dorfleben und wird wohl manchen Nachbarn heimlich porträtiert haben. Das war der Nährboden, auf dem er viele seiner eigenen Figuren schuf. Der Vater war Priester, und dieser Beruf bringt ja auch manche schönen Geschichten mit sich. Den größten Teil seines Lebens verbrachte Toumanian später in Tiflis, dort erwarb er sich auch einen Ruf als Übersetzer von Byron, Goethe, Puschkin – ein hochgebildeter Autodidakt. Eines meiner literarischen Lieblingsstücke überhaupt: sein großes episches Gedicht über „Achtamar", diese verwunschene Insel im anatolischen Van-See, die mit ihrer Kirche vom Heiligen Kreuz gerade jetzt wieder so sehr ins Gerede gekommen ist. Hat doch die Türkei Wiederaufbau und Renovierung des Kirchenbaus genehmigt, zugleich aber verfügt, dass sie nur noch als Museum genutzt werden darf. Ein einziger Gottesdienst pro Jahr darf sein, Zeichen religiöser Toleranz! Das Kreuz auf der Kuppel immerhin, zunächst drakonisch verboten, wird mittlerweile geduldet.

DSEGH – TOUMANIAN - ODZUN

Hrant, mein Gastgeber, spaziert mit mir durchs Dorf, grüßt freundlich in alle Richtungen und erzählt jedem, dass ich noch ein paar Jahre älter sei als er, dass ich wohl nicht ganz beisammen sei, in diesem Alter, und dann mit diesen beiden komischen Stöcken… Er führt mich an den Rand der Schlucht und meint, da soll ich jetzt runter. Er schlägt mir vor, von hier aus über Sanahin und Haghpat nach Odzun zu gehen und findet dafür eine abenteuerliche Kilometerzahl. Ich mag ihm nicht so recht vertrauen, ich will erst nach Odzun und dann nach Sanahin und Haghpat. Nach meiner Karte jedenfalls ist das der weitaus vernünftigere Weg. Aber nun stehe ich erst mal an der Schlucht und muss da runter!

Es klappt, ich finde einen Pfad, auf dem offenbar auch Ziegen verkehren. Bergab also, so sollen Pilgerwege sein. Herrlich.

Irgendwann aber, unvermeidlich, bin ich wieder auf der großen Straße, der M 6 in Richtung Toumanian. Das ist ein kleines Dorf am Straßenrand, das in der Nachkriegszeit von deutschen Kriegsgefangenen gebaut wurde. Nach Stalins Tod, 1953, wurden die Gefangenen heim geschickt, seither hat sich hier im Dorf nichts mehr verändert. Fast nichts. Die Häuser sind grau geworden, setzen Falten und Runzeln an, nur ein Haus strahlt im frischen Glanz – eine freie evangelische Kirche, eine „Insel im orthodoxen Land", wie der Pastor mich aufklärt. Ich traf ihn am Ortseingang. Gerade wollte ich nach einem Krämerladen fragen, da hält ein Auto neben mir: Wie kann ich Ihnen helfen? Auf deutsch. Ein klapperiger Lada. Danke, ich gehe zu Fuß. „Okay, aber steig ein, ich bin der Pastor, also keine Angst." Ich habe keine Angst, aber er macht mich neugierig. Er heißt

Robert und er zeigt mir sein Dorf. Ob es wohl in Deutschland noch Menschen gibt, deren Väter oder Großväter hier Sklavenarbeit geleistet und ihren Kindern oder Enkelkindern davon berichtet haben? Vielleicht findet sich auf manchem Speicher in Deutschland sogar noch ein Foto aus jener Zeit? Robert hofft darauf, er will die Geschichte des Ortes aufschreiben, bevor sie ganz in Vergessenheit gerät. Heute erzählt er mir aber erst einmal seine eigene, seine ganz persönliche Geschichte:

„Ich war ein Bandit, ich betete das Bier an und den Schnaps. Meine Ehe ging den Bach runter. Ich soff." Irgendwann war Perestroika angesagt, alles änderte sich, noch mehr Chaos, Robert flüchtet vor sich selbst nach Polen, nimmt seinen Suff und seine Verzweiflung mit, gelangt über die Oder nach Deutschland und landet in Neumünster im Knast. Sechs Monate wegen Diebstahls soll er absitzen – unschuldig, wie er beteuert. Nach vier Monaten erreicht ihn ein anonymes Päckchen, eine armenische Bibel. Er versucht, sie in russischen Wodka umzutauschen, aber niemand hat Interesse.

Eines Tages, aus purer Langeweile, beginnt er zu lesen, Stück für Stück, von vorn bis hinten, Zeile für Zeile. Er erlebt seine Offenbarung, zum ersten Mal in seinem Leben betet er: Am nächsten Tag öffnen sich die Gefängnistore, frei wegen erwiesener Unschuld. 20 Mark Haftentschädigung für jeden Tag. „Ich war ein reicher Mann.

Da habe ich mein Leben Gott gewidmet." Er findet Arbeit in einer Kirche, beginnt ein Fernstudium an einem evangelischen theologischen Kolleg in Siegen und kauft schließlich für sehr wenig Geld eine Bauruine in seinem Heimatort.

Nun steht seine Kirche, die Kuppel aus Holz hat er selbst gezimmert. Es gibt Kindergruppen, eine Nähstube, Liederabende, Gebetsstunden und jeden Sonntag einen Gottesdienst. 80 Gläubige, fast nur Frauen.

Ich bin wieder unterwegs. Kaum verlasse ich das Dorf, entdecke ich auf der anderen Seite, hoch im Felsen, wie ein Taubennest unter einen steinernen Überhang geklebt, eine Kirchenruine. Kobayr, ein verlassenes Kloster.

Ich kann es mir nicht verkneifen und klettere hinauf. Es lohnt sich. Gut erhaltene Fresken in dem halbwegs intakten zentralen Kirchenbau, Kreuzsteine. Altes Baugerät deutet darauf hin, dass die Renovierungs- oder besser die Erhaltungsarbeiten irgendwann vielleicht einmal fortgesetzt werden. Heute jedenfalls bin ich ganz allein hier oben. Gute Gelegenheit für eine Rast, einen Imbiss und einen Blick in die Karte. 20 Kilometer mögen es noch sein bis Odzun, ich sollte mich sputen.

Je weiter ich komme, umso besorgter muss ich feststellen, dass in dieser Gegend alle Trinkbrunnen versiegt sind, nirgendwo sprudelt frisches Quellwasser, meine Vorräte schwinden zusehends. Die letzten zwei Stunden werden wirklich zur Qual. Ausgedörrt finde ich endlich den ersten Krämerladen in Odzun. Zwei Flaschen Wasser, die erste auf einen Zug geleert, die zweite langsam Schluck für Schluck genossen.

Meine Übersetzerin Ruzan hatte mir einen Brief an eine Freundin in Odzun mitgegeben. Sina und ihr Mann Samvel wohnen direkt neben der Kirche. Sie ist Deutschlehrerin. Deutsch ist die einzige Fremdsprache im Dorf. Sina leidet ein wenig unter dem Mangel an Fortbildungsmöglichkeiten. Ich brauche Praxis, sagt sie, aber wie soll ich das machen? Gerade bietet das Goetheinstitut Bewerbungskurse für ein Stipendium in Deutschland an. „Ich habe hier im Haus so viel zu tun, wie soll ich denn da für Wochen wegfahren?" Vier Generationen leben im Haus, eine Versorgungsgemeinschaft wie so viele im ganzen Land. Die Großfamilie ist hier kein romantischer Traum, sie ist schlichte Notwendigkeit. Die Großmutter, eine schöne Greisin wie aus dem Bilderbuch, sitzt mit Fernbedienung auf dem Sofa. Von früh morgens bis spät abends laufen im ganzen Land unsägliche Serien, überall, in jedem Haus, selbst Priester sind da nicht immun. Ständige Wiederholungen scheinen den Reiz nicht zu mindern, manche Folgen habe ich in diesen Pilgertagen vier- oder fünfmal gesehen. Vermute ich jedenfalls: Alles gleicht allem, da weiß man nie so ganz genau.

Samvel zeigt mir stolz seinen Garten. Er hält Bienenstöcke und Hühner, die kleinen grünen Gurken wuchern bis in den Apfelbaum, das Paprikabeet ist abgeerntet, morgen sind die Rote Beete dran, die Bohnen müssen auch dringend eingeholt werden. Er hat eine eigene Quelle hinten im Schuppen, ununterbrochen fließt das frische Bergwasser, der Garten bewässert sich fast von allein. Hier werde ich morgen meine beiden Trinkflaschen wieder auffüllen. Der Garten ist Samvels Revier, drinnen in der Küche, da ist Sina zuständig. Jetzt im Herbst gibt es vor allem für sie viel zu tun. Wintervorräte anlegen.

Direkt nebenan wohnt der Geistliche, Ter Vartanes, erst vor kurzem hat der Katholikos das Haus gekauft und ihm zur Verfügung gestellt. Er lädt mich zu einer kurzen Abendandacht ein, später wird er zum Nachtessen herüberschauen, den Tisch segnen und kräftig zulangen.

Am nächsten Morgen will ich telefonieren, einen Bekannten von einem Bekannten in Sanahin anrufen und mein Kommen ankündigen. Das Telefonat läuft so: Die Frau des Hauses ruft ihren Mann im Büro an, der ruft in Sanahin an, dann kommt, um den Rückruf anzunehmen, der Pfarrer ins Haus. Der gibt mir das Telefon, ich bitte die Frau des Hauses, das Gespräch zu führen und mir zu übersetzen... Warum nicht gleich so? Vor dem Aufbruch noch ein morgendlicher Besuch der „Kirche der heiligen Gottesmutter". Der Ter Hayr, der Geistliche, schwingt gerade die Sichel, seine Pflichten gelten zu dieser Zeit eher dem Unkraut als den Seelen. Sein Helfer öffnet mir die Tür und verkauft mir noch einmal zwei Kerzen – meine Gedanken gelten meinen beiden Engeln und all den Menschen, die ich bisher auf meiner Pilgerreise getroffen habe und die mir so freigiebig Einblick in ihr Leben gewährten. Oben auf der Kuppel der Basilika turnt ein Handwerker herum, ein Experte aus Etschmiadsin, der eigens für sehr sensible Reparatur- und Renovierungsarbeiten angefordert worden war. Kein Seil, keine Sicherung. Der Priester beruhigt mich: Not at all without security – God is his security. Das leuchtet mir ein.

Zum Abschied gibt es noch ein paar Fotos, die Tochter des Hauses schenkt mir einen sehr schö-

Der Heilige Hownan Odznezi, Katholikos aller Armenier in den Jahren 717 bis 728, kämpfte mit Hilfe der arabischen Armee gegen die Byzantiner, die Armenien erobert hatten „und mit religiösen Fragen im Land Zwietracht säten". Es kam zu einem denkwürdigen Friedensschluss: „Der böse griechische Patriarch sagte, dass er den Odznezi fangen und ihn in einen kochenden Topf werfen wird. Odznezi fing selbst den Patriarchen, warf ein Kreuz in den kochenden Topf und erklärte, wer das Kreuz aus dem Topf herausnimmt, dessen Glaube stark ist. Die Hand des Patriarchen wurde verbrannt, aber Odznezi konnte, ohne seine Hand zu verletzen, das Kreuz aus dem Topf herausnehmen. Als die Griechen das sahen, haben sie den Glauben der armenischen Kirche angenommen und beschlossen, in Armenien zu bleiben." (wörtlich zitiert nach den deutschsprachigen Kirchenführer Odzun)

nen schmalen Silberring mit einem winzigen eingravierten Kreuz und eine blassrosa Perlenkette wie aus dem Kaugummiautomaten, Andenken für meine Enkelkinder. Gerührt mache ich mich auf den Weg. In drei Stunden will ich den Schriftsteller Feliks in Sanahin treffen. Das sind 16 Kilometer, die Qual von gestern, nur rückwärts, denke ich. Kein Problem. Aber es kommt anders, ich muss wieder ganz hinauf, auf die andere Seite der Schlucht. Auf halbem Weg treffe ich eine deutsche Reisegruppe im Mercedes-Bus. Alle bequem chauffiert, aber mit gut geputzten Wanderstiefeln bewaffnet. Wir plaudern ein wenig, sie bewundern mich ein wenig und laden mich ein, ein Stückchen mit zu fahren. Es kostet mich keine Mühe abzulehnen. Ich bin unterwegs.

Und dann, kurz vor Alaverdi, treffe ich sie: ein junges Paar, Bruder und Schwester vermutlich, ein wenig düster, ein wenig merkwürdig, sie im langen schwarzen Rock, er ebenfalls schwarz gekleidet, kein Lächeln, große Augen. Ich erkenne sie sofort.

Er pflückt ein paar Feigen am Wegesrand, teilt seine Beute mit ihr. Sie hält eine Weintraube in der rechten Hand, die süßesten Beeren schon verzehrt, sorgsam wählt sie nun aus dem kargen Rest die besten heraus. Stück für Stück, langsam, die Mahlzeit soll lange vorhalten. Das sind Ophelia und Ischchan.

Wir schreiben das Jahr 1916, vielleicht schon 1917. Die beiden Kinder sind auf der Flucht, es hat die Familie zerrissen, sie müssen sich allein durchschlagen, zunächst nach Tiflis, dann weiter nach Jerewan, wo sie ihren Vater vermuten. Sie würde stehlen, wenn es sein muss. Er würde sie mit Gewalt beschützen, wenn Gefahr droht. Er ist doch der große Bruder. Zwei Figuren aus einer anderen Zeit, aber ich erkenne sie sofort. Ein Deja vu.

Oder ist es ganz anders? Spielt die Vergangenheit heute? Nur eine Illusion, ein Bild, das sich sogleich wieder verflüchtigt?

Später fällt mir auf, dass ich mich nicht ein einziges Mal umgedreht habe. Sind sie noch da? Hirngespinste? Offenbar wollte ich nicht noch einmal zurück schauen in das Antlitz jener grauenhaften Jahre. Die M 6, auf der ich wandere, führt schnurstracks in den Norden, nach Georgien, nach Tiflis.

FLUCHT I

„Lass uns einfach abhauen", überredet Ophelia den älteren Bruder Ischchan. Und sie hauen ab, heimlich, bei Nacht, der Onkel hätte sie nicht gehen lassen. Sie wollen nach Tblissi, von dort nach Jerewan zum Vater. Sie haben kein Geld, nicht einmal für die Zugfahrt. In der Nähe vom Bahnhof treffen sie einen Engländer, er trägt eine Sonnenbrille und eine merkwürdige Lederkappe. Er nimmt sie ein Stück mit in seinem Auto, die erste Autofahrt für die beiden, was für ein Abenteuer.

Danach schlagen sie sich durch, mal zu Fuß, mal hinten auf einem Fuhrwerk. Manchmal steckt ihnen jemand ein Stück Brot zu, sonst essen sie Obst und trinken Wasser. Sie schaffen es, Ophelias Schuhe haben fast keine Sohle mehr, jeder Stein schmerzt, die Füße sind entzündet. Aber sie sind in Tblissi. Hier kennt Ischchan sich aus, mit seinem großen Bruder hat er damals manchen Streich ausgeheckt. Er organisiert. Unter der Jacke, verschmitzt stößt er die Schwester mit dem Ellenbogen an, versteckt er ein Paket voller herrlicher Köstlichkeiten: ein frisches großes Fladenbrot, Käse, mehrere Scheiben von diesem verführerischen luftgetrockneten Schinken.

Eine dicke Knoblauchwolke hüllt die beiden ein, die am Ufer der Kura ein Festessen abhalten. Sie schlafen im Hof ihrer alten Wohnung, niemand sieht sie, sowieso sind lauter neue Leute eingezogen. Werden sie Bekannte finden, vielleicht die Freunde der Eltern in einer dieser schönen Kaufmannsvillen?

Den ganzen nächsten Tag sind sie auf den Beinen. Endlich klappt es, sie klopfen an eine Tür, die Frau erkennt sie erst gar nicht, so schmutzig, so verändert. Groß sind die Kinder geworden, die armen, ganz allein sind sie unterwegs. Sie können bleiben für die Nacht, sie bekommen ein Bett. Endlich wieder ein richtiges Bett. Am nächsten Tag bringt der Mann die Kinder zum Bahnhof, kauft die Billetts. „Grüßt Euren Papa von seinem alten Freund, er soll in Zukunft besser auf Euch aufpassen." Nach Jerewan, sie werden ihren Papa wiedersehen. Erschöpft fallen sie in die harte hölzerne Sitzbank, fast sind sie wieder zu Hause.

JM „Ophelias lange Reise nach Berlin". Bremen 2001

In Sanahin treffe ich Feliks, Schriftsteller und Historiker. Er erwartet mich schon am Ortseingang. Um die Zeit zu überbrücken, spielt er die eine oder andere Partie Nardi – Dachtak sagen die Armenier, als Backgammon oder als Puff ist es auch bei uns bekannt. Feliks muss ein gewiefter Spieler sein, seine Kumpel scheinen erleichtert, dass er nun ihnen das Brett überlassen muss. Er führt mich herum. Leider spricht er so rundgekaut, dass ich kaum ein Wort verstehe. Er zeigt mir Dinge, über die ich schreiben soll, ein Königsdenkmal beispielsweise, oder einen Kampfjet, den Stalins genialer Flugzeugkonstrukteur Mikojan gebaut hat und der hier in dessen Heimatstadt ausgestellt ist. Ich nicke hin und wieder, das reicht. Feliks redet Gottseidank gern und viel, er scherzt und lacht und nimmt nicht übel. Irgendwann frage ich ihn, ob er nun die letzten Minuten nicht vielleicht doch ins Russische gerutscht sei? Nein, er lacht herzlich. Planetensprache. Er führt mich auch ins berühmte Kloster, eines der Hauptziele meiner Wandertour. Aber ich komme lieber morgen wieder, allein, als Pilger, nicht als Tourist.

Also gehen wir essen. Und zwar in einem der besseren Restaurants, im berüchtigten Stil der Sowjets, für jeden Gast ein eigener Raum mit Kronleuchter und Plastikspitzen. Separees – man möchte gar nicht wissen, welchen Zwecken sie früher gedient haben mögen. Es werden nicht nur Geschäfte, nicht nur militärische oder diplomatische Geheimnisse gewesen sein, über die hier getuschelt und gemauschelt wurde. Es gibt, was denn sonst, Chorowatz und dies und das, dazu ein Fläschchen Cognac und einen ununterbrochener Redefluss. Ich lasse den Fluss fließen und werde heiterer von Minute zu Minute.

Feliks begleitet mich noch zu einem hübschen kleinen Hotel, Anna Maria, die Nacht für 10 Euro. Es geht mir gut, sogar eine Dusche gibt es.

Morgen also nach dem Klosterbesuch hinüber nach Haghpat. Es soll, hat mir jemand erklärt, einen direkten Weg durch den Wald geben. Und dann weiter nach Akhtala. Nein, das geht nicht, protestiert Feliks, völlig unmöglich, viel zu schwer. Die Nachricht von dem verrückten Deutschen hatte ihn schon längst vor meinem Anruf aus Odzun erreicht: Da wandert jemand, hoch betagt, mit zwei Stöcken durch unser Land! Das ist wirklich komisch, darüber wird man noch lange lachen. Aber bis nach Akhtala? Wozu hat der Mensch das Auto erfunden? Es gibt Busse. Bis Akhtala, das sind mindestens 25 Kilometer, wie stellst du dir das vor? Und wo wirst du schlafen, wenn du zwischendurch müde wirst? Gottvertrauen? Sei nicht dumm, wir bringen dich mit dem Auto. Basta.

Am Ende versucht Feliks eine Verabredung – für heute Abend oder für morgen früh. Ich weiß es nicht. Und wenn er morgen früh wirklich mit einem Auto vor der Tür steht? Ich werde fort sein. Mit zwei Stöcken, einem Rucksack und mit Gottvertrauen.

Das Hotel ist freundlich, originell dekoriert, ein paar Schleifchen zuviel vielleicht, aber es ist hübsch hier. Im dazu gehörigen Krämerladen kaufe ich für ungefähr 83 Cent ein paar Tomaten, eine Gurke, Brot, einen Becher Schmand – die Küche bereitet mir einen Salat. Eine friedliche Abendstunde auf meinem Planeten. Es dämmert, Raben kreisen am grauen Himmel. Ich habe gegessen, Tee getrunken, bin müde. Aber keine Lust, schlafen zu gehen. Um mich herum Stimmen, fremde Töne, die Melodie stimmt, ein Summen wie auf einem fremden Stern. Ich rücke ab von der Wirklichkeit.

Gibt es dieses Land wirklich?

Oder träume ich? Bilde ich mir nur ein, was ich in diesen Tagen hier erlebe?

Gibt es dieses Land? Und wenn ja, wo?

SANAHIN - HAGHPAT

Mein liebenswürdiger neuer Freund taucht am Morgen wirklich wieder auf. Wir trinken noch einen Kaffee, ich muss ihm versprechen, dass ich tatsächlich die Straße nehme und nicht den gefährlichen Weg durch den Wald. Also gut. Aber erst einmal will ich zum Kloster. Wir verabschieden uns herzlich und er drückt mir zwei Bücher in die Hand - mit Widmung und dem Wunsch, ich möge doch zu Hause für die Übersetzung sorgen. Ich sorge mich eher um das Gewicht in meinem Rucksack, Edig und Norik hatten mir auch schon Informationsmaterial und CDs übergeben.

Sanahin war im frühen Mittelalter ein bedeutender Hort für Wissenschaft und Kultur. Handschriften aus jener Zeit liegen heute im berühmten Matenadaran-Museum in Jerewan. Ich versuche, mir das damalige Leben vorzustellen - und eine Zukunft auszumalen. Kürzlich las ich über das Kloster Tatev bei Goris, das allerdings außerhalb der Reichweite meiner Wanderstiefel liegt, dass dort Pläne für eine Revitalisierung in den Schubladen liegen. Wo früher einmal an die 500 Mönche eine Heimat hatten, soll ein Zentrum für wissenschaftliche Konferenzen, für Workshops, Sommercamps und Sabbaticals entstehen: attraktiv für Studenten, Künstler, Forscher und für Pilger. Für Pilger also auch. Nett, dass da jemand an mich denkt. Und wenn ich dann eines Tages dort hin komme, werde ich die letzten fünfeinhalb Kilometer mit der Seilbahn fahren können, der spektakulärsten und längsten Seilbahn der Welt. In Sanahin aber finde ich eine wunderbare Ruhe, eine Stätte der Besinnung. Auch das doch kein schlechtes Konzept für die Zukunft! Der Gedanke ist ausbaufähig.

Ich höre auf Feliks und benutze die Straße. Unten am Fluss wieder die Industrieleichen, verrottete Fabrikhallen, Gerümpel einer vergangenen Zeit. Das sind noch die Ausläufer Alaverdis, einstmals stolz auf seine Wirtschaftskraft, heute eher trist und ohne Hoffnung. Irgendwo schießt ein Schornstein mächtige Giftwolken in den nebeligen Himmel. Soll man sich freuen, dass wenigstens da noch einige Leute Arbeit finden?

Ein junger Mann, der sich in der Grünen Bewegung Armeniens engagiert, hatte mir schon vor längerer Zeit von Alaverdi berichtet: Es stinkt nicht mehr, hatte er lakonisch festgestellt, die giftigen Deponien hätten sich einfach ein paar hundert Meter weiter über die ersten Hügelketten verzogen, man sehe sie nicht mehr, man rieche sie nicht mehr. Na, dann ist ja alles gut. Wohnkasernen rücken dicht an die Straße heran, überall zerborstene Fensterscheiben, an den meisten Häusern wenigstens TV-Satelliten. Ein Trost im Elend: die ewige Seifenoper. Rechts von mir, vor der Steilwand wilder Felsgebilde, die ersten Grabstellen. Alaverdi, in dieser engen Schlucht, hat offenbar keinen Platz für einen Friedhof, also reihen sich die Gräber die Straße entlang. Manche Steine mit schlichten Kreuzen, viele mit ernsten Porträts der Verstorbenen, einige mit prächtigen Gemälden – da sehe ich die Klöster von Sanahin und Haghpat friedlich vereint.Das ist mein nächstes Ziel – Haghpat. Das heißt, wieder einmal, fünf Kilometer steiler Anstieg zum Hochplateau oberhalb des Flusses. Wenigstens gibt es hier wieder die trostreichen Quellbrunnen, ich werde nicht verdursten. An einer dieser Quellen ein junger Mann, echt Dolce & Gabbana, er zapft Wasser in große Eimer. Nein, nicht für zu Hause, da hätten sie fließendes Wasser. Er lädt die Eimer in seinen Lada und wird sie für wenige Dram verkaufen. Ein schlechtes, aber wenigstens ein regelmäßiges Geschäft.

Die Wälder verfärben sich schon. Jetzt, Mitte September, kündigt sich der Herbst an. Jeden Tag neue Nuancen im Farbenspiel der Natur. Heute hüllt zudem der Nebel die ganze Szenerie ein in ein transparentes weißes Tuch. Maler müsste man sein.

Haghpat. Es überwältigt mich, ich fühle mich ausgeliefert. Ich sitze in der Hauptkirche dieses über tausend Jahre alten Klosters, entzünde eine Kerze und verliere völlig die Fassung. Was geschieht hier mit mir? Zusammenbruch oder Aufbruch? Ist es der Ort, oder ist es etwas in mir? Am siebten Tag meine Pilgerreise eine sehr persönliche Pilgererfahrung. Als wenn ein reinigendes Gewitter durch die Seele tobt. Und wenn es nur das wäre: Dafür hat sich der Weg gelohnt.

Vor der Kirche ein paar Männer. Ich frage nach Schlafgelegenheiten. Ja, kein Problem, in zwei Stunden wirst Du abgeholt. Zeit für einen Kaffee in dem kleinen Laden vor den Klostermauern. Die Wirtin hat auch schöne Zimmer, zeigt mir ihr Hotel. Danke, aber erst mal abwarten, was um drei Uhr passiert. Da taucht ein Priester auf, Vardapet Asperd. Er hatte auch schon gehört, dass da einer auftauchen würde, mit zwei Krücken und mit Rucksack... Er schimpft mit mir, warum ich nicht gleich nach ihm gefragt hätte. Frag die Kerzenfrau! Den Tipp hatte mir Mariam in Jerewan auch schon gegeben. Er lädt mich ein ins Gemeinschaftshaus des Klosters, wo er allein mit Hund lebt und, wie ich überrascht erfahre, eine Art Gästehaus betreibt für Gruppen aller Art. Heute Abend erwartet er fast 30 Religions- und Geschichtslehrer aus dem ganzen Land, es kommen auch Kunsthistoriker, Theologen, Jugendverbände, Buspilger.

So knüpft auch Haghpat wenigstens ansatzweise an die Traditionen alter Zeiten an. Wir machen einen Rundgang durch die Anlage. Haghpat war eine Wehranlage wie die meisten anderen Klöster auch, sehr gut zu erkennen die schmalen Fenster, über die eindringende Feinde frühzeitig gesichtet werden konnten. Das Warnsystem? Ähnelt irgendwie unser heutigen SMS – wir haben die Welt nicht erfunden. Ein Flucht- und Rettungstunnel führt bis ins Tal hinunter, eine Besetzung von außen musste erfolglos bleiben.

Sayat Nova hat hier gelebt, sein Geist beflügelt dieses Haus. Der international hoch geschätzte armenische Regisseur Sergei Paradjanoff, in sowjetischen Zeiten immer wieder verfolgt, eingekerkert und wegen seiner Homosexualität mit Drehverbot belegt, hat hier 1964 Szenen seines spektakulären Films „Farbe des Grantapfels" über Sayat Nova gedreht. Eine Holztür mit Scharnieren nach den Entwürfen Paradjanoffs zeugt bis heute von den Dreharbeiten.

Gelegentlich gibt es Konzerte, auf dem Programm vor allem Sayat Nova und – seine Wiedergeburt? – der große Komitas, der mir später noch einmal in den Sinn kommen wird. Heute aber bietet mir der Hayr Surp, der Heilige Vater, ein ganz persönliches Konzert: In der großen Halle gibt er eine Gesangsprobe, es klingt wunderbar, die Akustik ist ausgetüftelt. Leider unterbricht ihn sein Telefon. Schade, ich hätte gern noch länger zugehört. Er muss jetzt aber ohnehin zur

DER TROUBADOUR

Als er sich in die Tochter des Königs verliebte, war es vorbei mit der Herrlichkeit. Sayat Nova verlor seinen Posten am georgischen Hof und lebte fortan als fahrender Sänger. Ob er diese wundervollen Zeilen seiner Prinzessin gewidmet hat?

„Die Berge beweinen die Nacht
Meines Leids. Was hast du gemacht?
Hast Sayat von Sinnen gebracht,
von Sinnen gebracht.
Es gleicht dir keine,
nicht eine, nicht eine,
einzig bist du."

Sayat Nova, Mönch und Musiker, kam 1722 vermutlich in Sanahin zur Welt, ganz genau weiß man das nicht, andere Quellen sprechen von Tiflis. Er war ein begnadeter Poet und Sänger, und natürlich sein eigener Komponist. Er spielte die Kamancha, ein altes mittelasiatisches Streichinstrument, und er muss sehr betörend gewirkt haben, nicht nur auf Königstöchter.

Als Junge war Sayat Nova bei einem Webmeister in die Lehre gegangen. Er soll damals einen Webstuhl konstruiert haben, der sehr viel kleiner als die bis dahin gebräuchlichen war und der es endlich erlaubte, Teppiche im Hause statt nur draußen im Hof zu weben. In einem Lied beklagt er, sein Meister habe ihn um den Lohn dieser Erfindung betrogen.

Ein Krater auf dem Planeten Merkur trägt Sayats Namen. Ob das eine angemessene Ehrung ist, weiß ich nicht. Auf meinem Planeten ist es die Jerewaner Musikschule, die nach ihm benannt ist. Das zählt mehr, finde ich.

Abendmesse. Vor allem Kinder sind in der Kirche, der Pater hat eine sehr nette Art, sie ernst und spaßig zugleich anzusprechen. Hinterher wird er ihnen ein Eis spendieren. Ganz andächtig lauschen auch die Kleinen seiner Stimme. Beim Segen stört sein Telefon ein wenig, aber er kann beides – segnen und telefonieren.

Weiter auf unserem Rundgang. Besonders liebenswürdig die alte Klosterbibliothek, im Boden eingelassen ein tiefes Loch neben dem anderen, Lagerplatz für Lebensmittel. Bücher und Brot, Schriften und Butter, Gemüse und Papier, alles braucht das richtige Klima, hier war es gewährleistet. Hin und wieder entpuppt sich eines der Löcher als Weinfass. Das ist doch eine schöne Vorstellung: Da sitzen die Mönche über ihren Studien, gelegentlich schöpfen sie mit langer Kelle ein Schlückchen Wein, klauben etwas Käse aus der einen oder ein Häppchen Salzgemüse aus der anderen Vorratswabe. Studieren und leben. In der Kirche überall winzige Meditationsräume, Isolationszellen, drei Stockwerke hoch, teils über steile Treppen, teils nur über Leitern erreichbar. Würde ich da für eine Nacht aushalten? Ich bin froh, dass ich für diese Nacht wieder ein bequemes Bett finden werde. Die Reisegruppe wird auch Brot und Hühnerbeine mitbringen. Niemand muss in diesem Land verhungern, schon gar nicht törichte Pilger.

Wir hatten einen lustigen Abend mit der Besuchergruppe, lauter fröhliche Lehrerinnen, drei schüchterne Lehrer und ein verwegener Fahrer, der ganz offensichtlich auf Brautschau war. Leider zog sich alles ziemlich in die Länge, der nächtliche Kirchenbesuch wurde bis weit nach Mitternacht verschoben. Zu spät für mich. Am Morgen finde ich in der Küche noch ein Hühnerbein von gestern. Ashot, die gute Seele des Hauses, kocht Tee. Dann geht es wieder auf die Piste, es nieselt, es ist kühl.

Ein echter Herbsttag.

Und heute passiert es wirklich: eine Hundeattacke. Erst ist es nur einer, den ich leicht einschüchtern kann, dann rotten sich seine Gesellen dazu, am Ende habe ich sechs Bestien auf den Fersen. Lange kann ich sie mit den Laufstöcken nicht auf Distanz halten, mein Gefuchtel macht sie nervös, sie werden immer wilder. Der

Pfefferspray – wie der Regenschirm, der bei Regen immer gemütlich zu Hause liegt – gut verstaut im Rucksack! Endlich kommt mir eine Frau zur Hilfe, die in einem angeknabberten Minibus zu wohnen scheint. Sie verscheucht die Hunde mit einem energischen Wink und geleitet mich ein Stück des Wegs, bis ich in Sicherheit bin. Herzlichen Dank.

Im Nachhinein fällt mir auf, dass ihr Make-up vielleicht doch ein wenig zu grell war für diese Gegend, für diese Tageszeit. Dann fällt der Groschen. Straßenstrich, direkt nebenan ein kleiner Imbiss. Beide halten sich die Köter wohl zum eigenen Schutz. Ab sofort steckt der Pfefferspray griffbereit in der linken Jackentasche. Und dann der Abzweig Akhtala, auch hier liegen sie wieder herum, die unvermeidlichen Fabrikleichen, aus einem Gully wächst ein Feigenbaum, selbst aus den Löchern im bröckelnden Asphalt fließt frisches Quellwasser. Wieder ein mühsamer Aufstieg. Da leuchten die gelb-gesprenkelten Schutthalden der stillgelegten Kupfer- und Silberminen, der Eingang zu einem einsturzgefährdeten Stollen ist nur notdürftig mit Brettern vernagelt. Könnten diese vielen Industriebrachen nicht die Phantasie beflügeln, den Antrieb beleben, neue kreative Wege für dieses Land zu suchen? Es sieht nicht so aus.

Nur wenige Kilometer weiter, in Teghut, wird gerade ein neues gigantisches Minenprojekt geplant. Kupfer und Gold locken die Oligarchen an, sie werden Tausende Bäume fällen, sie werden Gift einsetzen. Sie werden Arbeitsplätze schaffen. „Teghut kommt", sagen mir Leute, die es wissen müssen, „3000 Arbeitsplätze, da kann doch niemand Nein sagen." So ist es wohl. Wie soll denn jemand, der hier seit vielen Jahren arbeitslos ist, sich nicht freuen, dass er vielleicht bald in Lohn und Brot kommt? Die Grünen haben gute Argumente dagegen, aber sie haben keine Lobby. Sie finden kein Echo in den Medien, das Fernsehen schweigt, mehr oder weniger subtile politische und finanzielle Druckmittel verhindern eine öffentliche Auseinandersetzung zum Thema. Alternativen – Landwirtschaft, Tourismus beispielsweise - werden, das ist mein Eindruck, nicht einmal gedacht. Und wenn irgendwann die Minen erschöpft sein werden? Wenn der Preis, den das Heben der Bodenschätze kostet, den Erlös übersteigt? Wer zahlt dann?

Ich versteige mich hier in eine gewagte These: Dieses Land ist so wunderschön, es ist so unendlich reich an lohnenswerten Zielen, aber die Menschen sehen diese Schönheit nicht mehr, ihr Blick ist durch so viele Jahre der Bevormundung und der Not getrübt – sie sehen zwar Ziele, sie träumen ihre Träume, aber sie haben keine Idee, auf welchen Wegen sie diese Ziele erreichen, die Träume verwirklichen können. Es ist wie mit meiner Pilgerei: ein Kloster schöner als das andere, aber die Wege...

Der vernagelte Stollen soll einmal, so erfahre

ich später, eine romantische Weinstube werden, oder eine Herberge für Pilger. Vielleicht eine Herberge, in der die Pilger auch mal ein rubinrotes Gläschen Wein serviert bekommen? Mir würde es gefallen. Es sind nur noch einige wenige Schritte hinüber zum Kloster. Eine hohe Burgmauer umschließt die Anlage zur Hochebene hin, auf der anderen Seite bietet die Natur mit der tiefen Schlucht einen natürlichen Schutz. Klug angelegt das Ganze. Auf der großen Kirchwiese treffe ich Pater Vigen, den jungen Geistlichen, und einen Mann, der wichtig aussieht. Ein Minister aus Jerewan, der hier zu Hause ist und den Wiederaufbau der Kirche sponsert.

In einer Woche ist es so weit, dann wird die Kirche geweiht. Prominenz aus dem ganzen Land wird anreisen, an vorderster Front natürlich der Katholikos, der die Zeremonie leitet. Viel Arbeit bis dahin. Vor allem muss eine Statue aufgestellt werden, das Werk eines örtlichen Künstlers.

Ein Bagger rollt an, auf einem Pickup das Kunstwerk: Zwei überdimensionale Eheringe, in Bronze gegossen, von einer kräftigen Granatapfelkrone zusammengehalten. Jungvermählte sollen da hindurch schreiten, es wird ihre Ehe festigen und ihr Glück mehren... Nun ja. Ich gehe zunächst einmal in die Kirche, die eigentlich erst in einer Woche wieder eine Kirche sein wird - „seit 200 Jahren werde ich hier der erste Geistliche sein", wie Pater Vigen mir erklärt. Die Fresken sind sensationell, so frisch erhalten, so reichhaltig in Motiv und Form. Fresken in dieser Fülle und in diesem Alter gibt es sonst nirgends auf der Welt, erfahre ich. Es gibt ältere Fresken, es gibt umfangreichere Fresken, aber es gibt keine umfangreicheren älteren Fresken. So hat jeder seinen Rekord. Du kannst dich verlieren in diesen wunderbaren Bildern, sie erzählen nicht nur biblische Geschichten, stundenlang kannst du ihnen zuhören.

Der Pater begleitet mich, gleich muss er eine große Reisegruppe empfangen, aber einen Moment hat er doch Zeit. Wir reden über Tod und Auferstehung, über das Leben danach und was das Leben im Diesseits bedeutet, die Fresken geben uns den Rahmen. Unsere Werke bleiben, meint mein Gesprächspartner, unsere Werke bergen die Erinnerung an uns, daran werden wir gemessen werden. Ich bin nicht so sicher. Zwei Kerzen können jetzt nicht schaden.

Pater Vigen eilt seinen Besuchern entgegen, 40 Leute, alle Nachfahren der Familie Toumanian, sie kommen gerade aus Dsegh. Bevor sie in die Kirche gehen und einen Choral anstimmen, turnen sie erst einmal durch die Ringe. Hinterher ein Küsschen. Ewige Liebe. Unverheiratete werden gewarnt: Das bringt Unglück, oder zumindest bringt es innerhalb allernächster Zeit einen Ehepartner... Manche und mancher schrecken da doch zurück. Man kann ja nie wissen.

Schon vor Stunden hatten wir mein Nachtquartier festgemacht. „Um 4 Uhr wirst du abgeholt."

Um 6 Uhr frage ich mal schüchtern nach. Der Pater telefoniert: In zwei bis drei Stunden kommt jemand und holt dich ab. Bis dahin habe ich Asyl im Krämerladen vor der Tür. Der gehört dem Sohn der Kerzenfrau, die dann auch tatsächlich auftaucht und ein kleines Essen bereitet. Der Laden ist neu eröffnet. Gute Lage? Die Touristen kaufen nicht, klagt der junge Besitzer, und die anderen lassen anschreiben. Ob sie am Ende des Monats bezahlen oder nicht, reine Glücksache. Warum kocht Ihr nicht Kaffee für die Touristen, schlage ich vor. Ratlose Gesichter. Jeder in diesem Land will offenbar einen Shop aufmachen. Aber Businesspläne entwickeln, Perspektiven?

Nach zwei Stunden immer noch niemand in Sicht, der Pater lädt mich erst einmal zu sich nach Hause ein. Ich bezahle der Kerzenfrau lächerliche 1,80 Euro für das Essen und weiß dabei, dass ich trotzdem noch behumpst werde. Dann brechen wir auf. Pater Vigen ist verheiratet, Akhtala ist sein erstes Priesteramt, seit einem halben Jahr ist er dabei. Sein Sohn ist zwei Jahre alt, die Tochter – bestimmt wird das zweite Kind eine Tochter – wird er selbst taufen. Stolz zeigt er seine edel gebundene Diplomarbeit, die Interpretation einer Interpretation von Psalmen zum Thema Mission. Na ja, toll irgendwie, oder?

Endlich taucht Garen auf, mein Gastgeber für diese Nacht. Die Wohnung liegt in einer Mietskaserne direkt gegenüber dem Kloster, herrlicher Blick hinunter ins Tal. Ich schlafe auf einem Sofa im Wohnzimmer und fühle mich ein wenig aufgebahrt.

Ein schneller Kaffee am Morgen, wir haben es eilig, ich will den Bus zurück nach Vanadzor erreichen. Garen wird mich mit dem Auto zur Station bringen. Aber erstaunlicher Weise fahren wir nicht talwärts, sondern hinauf, weiter in die Berge. Lassen wir uns überraschen. Und tatsächlich öffnet sich ein neues Fenster. Also, in Wirklichkeit öffnet sich ein Eisentor: Garen zeigt mir seine Kaninchen, seine Hühner, seine Landwirtschaft. Und er stellt mich seiner Mama vor, die hier oben mit dem jüngeren Sohn lebt. Sie produziert Käse, Butter, Joghurt, weckt Gemüse ein und trocknet Obst. Alles für die Kundschaft im Dorf und für die Märkte in Alaverdi. Feierlich hebt sie extra für mich die Deckel von den drei riesigen Schnapsfässern. Mit dem Zeigefinger rührt sie in der Pampe herum und prüft den Reifegrad, die andere Hand am Handy. Ich glaube, die Armenier werden mit Handy in der Hand geboren. Der kürzeste Witz: Ein Armenier ohne Handy ... (wieherndes Gelächter). Garens Mama ist stolz drauf, mir ihr Reich zeigen zu können. Zu Recht. Da ist eine tüchtige Frau am Werk. Außerdem kocht sie gut. Sie serviert ein leckere Suppe, dazu Joghurt, Gurke, Tomate. Nebenher läuft der Fernsehapparat. Merkwürdige Funksignale aus dem All. Geheime Codes, wer soll das verstehen? Bremen gegen Bayern 1:1, der Dax über 6200 Punkte. Und so fort. Wovon reden die?

Es ist zu spät für den Bus. Also werde ich an einer Gasstation auf die Wartebank gesetzt, bis ein Auto hält, das noch Platz hat und einen verrückten Deutschen mitnimmt. In Vanadzor finde ich direkten Anschluss nach Dilidschan. Glück gehabt.

LEGENDE IV

Tamerlan, berühmt-berüchtigter mongolischer Eroberer des 14. Jahrhunderts, hat in Akhtala bittere Tränen vergossen. Hier musste er, unterhalb einer merkwürdig fremd anmutenden Felsgruppierung, seine Frau beisetzen, eine Nachfahrin des Dschingis Khan. Er gab ihr Gold und Edelsteine mit ins Grab. Um aber die Grabstelle für alle Zeiten vor Entdeckung zu schützen, ließ er sämtliche Soldaten töten, die als Totengräber oder als Zeugen der Zeremonie beigewohnt hatten. Die Felsgruppe ist bis heute als „Tamerlans Kliff" bekannt. Die Legende besagt zudem, dass Tamerlans Sohn sich am selben Ort in eine hier ansässige Armenierin verliebte. Er wollte sesshaft werden und verweigerte seinem Vater die Gefolgschaft. Der belegte daraufhin seinen Sohn mit einem furchtbaren Fluch, schloss ihn in Ketten und sperrte ihn lebenslang in eine der tiefen Felsenhöhlen. Seither werden an Tamerlans Kliff immer wieder klagende Stimmen gehört, die zweifellos dem armen Jungen zuzuordnen sind. Auch mein Freund Garen, der am Fuß dieser Felsen eine kleine Landwirtschaft betreibt, hat diese Stimmen schon gehört. Das kann er beschwören.

DILIDSCHAN
HAGHARTZIN
GOSH

Zweifel auf der Busfahrt nach Dilidschan. Hätte ich nicht doch weiter nach Teghut laufen, mir selbst anschauen sollen, wie dort Industrie gegen Natur ausgespielt wird? Aber hätte ich mir hinterher ein gerechteres Bild machen können? Was hat mich abgehalten - Bequemlichkeit oder Ratlosigkeit?

Und wenn ich nun aus dem Fenster schaue, überkommt mich abermals Bedauern. Ich sollte aussteigen, die Strecke ist schöner als ich befürchtet hatte. Aber die Trägheit siegt. Dilidschan also. Es ist ein wirklicher Break. Das ist der große Naturpark Armeniens, die grüne Lunge für Menschen, die frische Luft und Entspannung suchen. Sogar eine Filiale des Jerewaner Artbridge-Cafes gibt es hier, eine anregende Mischung aus Teestube und Buchladen.

Ich lande im Haus „Daravand". Rasmik, der „Krieger", ein Armenier aus dem Iran, hat sich

LEGENDE V

Der Vater geht mit seinem Sohn Dili in die Stadt, er hat dort Besorgungen zu machen. Unterwegs, in den Wäldern, läuft der Sohn hierhin und dorthin, klettert auf einen Baum, kriecht in eine Höhle, der Vater verliert ihn aus den Augen. Voller Sorgen macht er sich auf die Suche nach seinem Sohn. Er ruft ihn, „Dili dschan", „Dili meine Seele", und immer wieder „Dili dschan, Dili dschan". Schließlich findet er ihn auf einer Lichtung, von den Wölfen zerfleischt. „Dili dschan, Dili dschan", in tiefer Verzweiflung wirft sich der Vater auf den Leichnam des Sohnes. Dili dschan. Seither heißt diese Gegend Dilidschan.
Die Wölfe, das sage ich, sollen in Zukunft statt unschuldiger Kinder lieber all jene fressen, die hier ihren Müll entsorgen...

hier mit seiner Frau Meliné ein kleines Paradies geschaffen. Für mich ein Garten Eden mit Dusche und Internet, herrlichem Essen. Heute hat der Pilger Ruh – und einen Computer zur Hand. Nachricht von zu Hause: „Es regnet sehr viel, es windet kräftig, Haselnüsse und Quitten fallen und gelegentlich haben wir eine fantastische Herbstsonne!" Alles ist gut.

Meine Uchtagnatzutjun, meine Pilgerreise also mischt sich mit touristischen Elementen. Aber das ist in Ordnung so, es ist hier eben nicht der magische Wunderweg Camino Santiago, es ist eher eine Imagination in meinem Kopf - und manchmal bricht sich die Wirklichkeit Bahn. Pilgern in Armenien: Das ist ein Weg ohne historische Ausstrahlung. Er verzaubert nicht aus sich heraus. Die Wunder am Rand, der traumhafte Blick, die Natur, die Menschengesichter, die Kirchen, die Kreuzsteine – all das macht diesen Weg aufregend. Aber es ist kein Pilgerweg für sich, nur für mich. Er erschließt mir Armenien. Ein neues altes Land. Hart, einsilbig, schön. Komischerweise sind meine Füße fast noch heil.

Meliné wird geweckt, die gestrige Nacht war zu lang, Rasmik hat sich offenbar zu intensiv seinen anderen Gästen gewidmet, er muss den Kopf noch wieder frei bekommen. Ich bezahle, erstmals auf dieser Reise, einen Preis wie in einem besseren deutschen Landhotel und suche meine Stiefel. Die hat der Hund des Hauses in seinen Zwinger verschleppt. Die rechte Ferse muss ihm besonders geschmeckt haben, aber immerhin kann ich weiter wandern, noch hält das Außenleder die Form zusammen. Nachdem schon in Sanahin der Klosterhund meine Badeschlappen zerfetzt hat, muss ich annehmen, dass ich ziemlich appetitlich schwitze.

Ich starte bei herrlichem Wetter. Nicht weit vom Hotel entfernt liegt das Kloster Matosavank, aber ich schenke mir das, heute liegt eine erkleckliche Strecke vor mir. Haghartzin. „Da musst du hin, das ist einfach traumhaft", flüsterte man mir in Jerewan ein. „Der Dining-Room ist beeindruckend", findet ein Armenier aus Los Angeles, der, mit einer großen Literflasche Wodka – „russian quality" – und mit seiner Familie Kurzurlaub im Daravand macht. Na gut, wandere ich also 25 Kilometer, um mir einen Dining-Room anzuschauen. Es geht durch den Dilidschan-Nationalpark, Urwaldfarben, überall rauschen irgendwelche fischhaltigen Bäche ins Tal, es riecht nach Buchenwald... Einen Augenblick stockt mir der Atem bei diesem Gedanken... Es riecht nach Buchenwäldern!

Auch hier gibt es Hunde, nicht gerade verwildert, aber doch von einigermaßen grobem Benehmen. Ich drohe mit dem Pepper-Spray, muss ihn aber dann doch nicht anwenden. Am Ende bleiben mir von der ganzen Meute zwei langhaarige Gesellen treu an der Seite – fast schließen wir Freundschaft.

Haghartzin, nach Stunden mühsamen Aufstiegs:

eine Baustelle, nur Gerüste, Staub, sogar der Dining-Room profan vergittert. Nichts für Pilger. Ich will sofort flüchten, da treffe ich eine armenische Familie mit deutsch-kasachischer „Schwiegertochter". Eine Liebesgeschichte. Eine tragische Liebesgeschichte? Sie kam vor 15 Jahren als Aussiedlerin nach Deutschland, ins Emsland, man hört ihr das friesisch rollende R gut an. Irgendjemand zeigte ihr irgendwann ein Foto von einem kräftig gebauten Mann mit warmen braunen Dackelaugen. Sie verliebt sich spontan, man schreibt sich. Schließlich fasst sie allen Mut zusammen und bucht einen Flug nach Jerewan. Er holt sie ab und bringt sie an den Sevan-See, wo er mit seiner Familie lebt. Heute machen sie einen Ausflug mit Picknick, und ich bin eingeladen. Wir suchen lange nach einem verträglichen Platz am Fluss, der noch nicht allzu sehr vermüllt ist. Chorowatz, Aprikosenschnaps, Wein. Wir trinken – ich nur ein millimeterhohes Schlückchen – auf die Zukunft, auf das Glück und auf das Unglück.

ROMAN III

Konzert. - Das Echo verhallte rückstandslos. Wie von Geisterhand bewegt, schoben sich die Zuhörer durch die offene Rückwand der Klosterruine nach draußen. Verstohlen wischten sie sich die Tränen aus den Augenwinkeln. Allein der Duduk-Spieler stand noch immer genau an jener Stelle, wo er dieses denkwürdige Konzert gegeben hatte. Einen Ton, einen einzigen Ton hatte er seinem Instrument an diesem Abend entlockt. Wie lange hatte er nach diesem Ton gesucht. Wie oft hatte er in verzweifelten Nächten aufgeben wollen. Nun aber war er bereit zu sterben. Er griff in seine Smoking-Jacke, fischte ein schon arg zerknütteltes Stück Papier heraus und unterschrieb den Vertrag mit EMI Group Limited.

Ich will weiter nach Gosh. Noch einmal etwa 20 Kilometer, aber nicht mehr so steil. Unterwegs eine bewegende Begegnung: ein alter Mann, Veteran aus dem Krieg um Arzach, am Bein verwundet, arbeitslos, mit Medaille ausgezeichnet, aber ohne die dazu gehörige Urkunde, das heißt ohne Rente. Er sitzt in einem schon lange nicht mehr benutzten Wartehäuschen und wartet auf nichts, wartet einfach.
Er erzählt mir sein Leben - vielmehr das, was davon geblieben ist. Kein Brot im Haus, kein Licht, kein Gas, nichts, hin und wieder hackt er in der Nachbarschaft einige Klafter Holz und bekommt

zu essen. Vielleicht erzählt er mir nur eine gute Geschichte, wie ja auch bei uns zu Hause manche Straßenkünstler gute Geschichten erzählen. Mich rührt er. Ich muss ihm versprechen, niemandem von unserem Deal zu erzählen. Amot e. Er schämt sich.

Gosh, das sind zwei Ortsteile. Oben wohnen die Armenier, also die „echten Armenier", unten wohnen die „Türken", die „Aserbeidschaner", gemeint sind natürlich die armenischen Flüchtlinge aus Aserbeidschan, die Heimatlosen, das Treibgut des Krieges. Sie bleiben offenbar auch hier noch heimatlos. Ich fühle mich plötzlich erinnert an sehr frühe Bilder meiner Kindheit. Flüchtlinge hausten in Baracken, in provisorischen Nissenhütten. Polacken. Vorsicht, holt eure Kinder rein. Als uns ein junger Dackel abhanden kam, war klar: Der ist bei denen im Kochtopf gelandet.

Es regnet in Strömen. Trotz guter Ausrüstung bin ich bis auf die Haut durchnässt. Eine alte Frau schüttelt nur den Kopf. „Neun Stunden unterwegs? Alles zu Fuß?" Sie klärt ihre Nachbarinnen auf: Ein Verrückter. Aber sie führt mich, in Filzpantoffeln, durch den Regen zu einem kleinen Hotel, setzt sich dort in einen bequemen Sessel und beobachtet erst einmal die Szene. Speichert Klatsch und Tratsch. Ihr Goldzahn strahlt.

Gosh, das Kloster. Wieder so ein phantastisches Ziel. Das ganze Land ist vollgepflanzt mit solchen Zielen. Wenn ich beklage, dass die Wege zu

LEGENDE VI

Tamerlan, der Grausame, der schon in Akhtala sein Unwesen trieb, kam auf seinen Eroberungszügen auch nach Gosh. Er forderte von der Bevölkerung die Herausgabe ihres Schmucks, der Goldmünzen und sonstiger Schätze. Aber die Menschen weigerten sich, lieber wollten sie sterben. Tamerlan wurde wütend und wandte sich an seine Weisen um Hilfe. „Herr", rieten sie ihm, „dieses Volk hat eine seltsame Gewohnheit, es liebt und verehrt mehr als sein Leben das Buch. Beginnt Ihr beim Buch, werdet Ihr alles bekommen, was Ihr mit dem Schwert nicht erreichen könnt." Der Grausame befiehlt, sämtliche Bücher des Klosters zu verbrennen. Als sich die Flammen den Büchern nähern, schütten die Bewohner von Gosh ihre versteckten Schätze vor die Füße des Tamerlan und retteten das Kostbarste – ihre Literatur.

diesen Zielen fehlen, meine ich aber gar nicht das Straßen- und Wegenetz selbst, ich meine die Vorstellung, die Idee davon, dass dieses Land so reich ist und dass dieses Land seine Schätze nicht so recht zu würdigen weiß. Was machen wir aus diesem Land, welchen Weg wollen wir einschlagen? Das Ziel ist das Ziel. Der Weg ist kein Ziel. Hier nicht. Noch nicht – wollen wir die Hoffnung mal nicht aufgeben.

Nach dem Frühstück sitze ich noch ein wenig in

der Sonne, schreibe mein Tagebuch, um mich herum die Frauen des Hotels. Sie machen eine Kaffeepause, wie selbstverständlich steht auch vor mir eine Tasse dieses süßen Gebräus. Das tut gut. Die Frauen scherzen, auch über mich. Ihr Lachen wie ein feiner Sprühregen glitzernder Flussperlen.

Ein tschechischer Reiseführer, ein frühe Flasche Bier in der Hand, setzt sich zu uns: Was für ein Reichtum hier – welche eine Armut hier. Aber ist das nicht ein Land, das die Seele erblühen lässt? Ein Poet. Recht hat er. So ist es, manchmal wenigstens.

GOSH – SEVAN

Wie hier wegkommen? Es sind nur wenige Kilometer Luftlinie hinüber zum Sevansee. Aber hohe Gebirgszüge liegen dazwischen, kein Durchkommen, ich muss zurück nach Dilidschan, von dort dann weiter. Aus Gosh fährt zweimal die Woche ein Bus. Heute nicht. Vielleicht ein Taxi, ein paar Minuten für die Strecke, die mich gestern neun Stunden gekostet hat? Aber zuerst das Kloster. Es ist wunderbar ruhig gelegen, ein doppelstöckiger Glockenturm, ganz unaufgeregt diese Kirche, sogar ein kleines Museum hat man hier angelegt. Daneben eine tiefe Baugrube. Hier stand ein hässlicher sowjetischer Zweckbau ohne Sinn und Verstand, aber unter Verwendung des alten Kirchengemäuers erbaut. Sogar Kreuzsteine hat man beim Abriss gefunden. Nun soll eine historisch korrekte Wiederherstellung des alten Ensembles erfolgen. Das wird dauern. Aber das ist ja auch gut so. Warum fließt so viel Geld in die kirchliche und so wenig Geld in die soziale und wirtschaftliche Infrastruktur? Wahrscheinlich weiß niemand so recht, wo beginnen: ein guter Nährboden für Korruption.

Nur ein paar Schritte den Berg hinauf eine weitere kleine Kapelle. Hier öffnet sich erst der wirkliche Blick auf das ganze Kunstwerk. Die Erbauer haben die Natur als stilbildendes Mittel in die Architektur einbezogen. Natur und Kunst verschmelzen, der Horizont der Bergketten rahmt das Bildnis ein. Das wissen auch die Touristen, sie kommen jetzt Busse-weise. Ich aber bin unterwegs. Nun doch lieber zu Fuß, nur rasch die sechs Kilometer hinunter zur großen Straße, da werde ich eine Marschroutka nach Dilidschan finden. Die Sonne scheint, meine Wäsche, hinten am Rucksack angeklammert, trocknet schnell. Und tatsächlich, es dauert nicht lange, bis ein Minibus hält und mich mitnimmt.

Vom Busstopp in Dilidschan weiter mit einem Taxi in Richtung Sevansee. Mein Fahrer heißt Ararat, er ist, so drückt er sich aus, seit zehn Jahren im Tourismusgeschäft. Er weiß, was wir wollen. Zum Beispiel ein komfortables Zelt-Camp in den Bergen, mit Vollpension und Dusche. Und jeden Abend – jeden Abend - gibt es Chorowatz.

20 Dollar die Nacht. Ich soll das Projekt für ihn ins Internet stellen.

Hinter dem Straßentunnel – ich war gewarnt worden, geh nicht zu Fuß durch diesen Tunnel – lasse ich mich absetzen. Es war eine gute Idee, mich hierher fahren zu lassen, bisher führte die

LEGENDE VII

Früher war dort, wo heute der Sevansee ist, festes Land mit bewaldeten Hügeln, blühenden Wiesen und fruchtbaren Ackerböden. Unter dem Hügel nahe dem Dorf befand sich eine Quelle. Wenn die Dorfbewohner hier Wasser entnehmen wollten, entfernten sie die riesige Sperre der Quelle, um sie hernach vorsichtig wieder an ihren Platz zurück zu rollen. Eines Abends geht eine junge Braut aus dem Dorf zur Quelle, Wasser zu holen. Sie entfernt die Sperre, füllt den Krug und kehrt heim - sie vergisst, den Deckel zu schließen. Das Wasser strömt heraus, breitet sich in alle Richtungen aus, erreicht schließlich die Häuser. Die Bewohner flüchten und verfluchen ihr Unglück: „Zu Stein erstarre, wer die Quelle offen ließ." So ward *die* vergessliche Braut zu Stein, das Wasser aber bildete fortwährend fließend den Sevan See. Manchmal kann man den steinernen Kopf der Braut noch aus dem Wasser ragen sehen.

Straße nur bergauf, aber nun haben wir die richtige Höhe erreicht.

Ab hier geht es sanft und freundlich weiter bis zum großen Sevansee, Armeniens Edelstein. Also wieder gewandert, drei Stunden etwa, nicht mehr.

Links neben mir rauscht der Verkehr, rechts neben mir rauscht der Bergbach. Der Wettbewerb um den lautesten Wirbel geht unentschieden aus. Das Wasser lockt, verlockt zu einer kurzen Rast am Fluss - nur 20 Schritte und ich bin im Paradies. Ein paar Nüsse, ein paar getrocknete Aprikosen, Quellwasser. So ist es gut. Ein Erdmännchen streckt seine Ohren aus dem

Bau, lässt seine runden schwarzen Knopfaugen folgen, fixiert mich, verschwindet, kommt noch einmal, um sicher zu sein, was es gesehen hat. Es scheint zufrieden, zieht sich diskret zurück. Thymian duftet, Minze, Rosmarin. Schafherden grasen die Berge ab. Kaum noch Bäume, nur in den Niederungen zerrupfte Kiefernwälder. Schäfer zu Pferde, stolze Cowboys. Einer,

Vartan, kommt heran geritten, sein gedrungener Schimmel glänzt, der Hütehund gähnt, er weiß, dass es hier auf mich nicht ankommt. Es kommt nur auf Vartan an. Ein leiser Pfiff, kaum hörbar, und der Hund tut seine Pflicht – Schafe einsammeln. Der Cowboy grinst, sein wettergegerbtes Gesicht wie von Meisterhand gemeißelt. Er muss diese Szene geübt haben, Regieanweisung Hollywood: Auf der Hinterhand lässt er sein weißes Ross wenden, tippt kurz mit dem Zeigefinger an die breite Hutkrempe und reitet im gemächlichen Trab bergan der Herde hinterher. Verschwimmt im Gegenlicht der untergehenden Sonne. An einer weiten Straßenbiege unversehens der erste Blick auf den Sevansee. Das Kloster Sevanavank, dramatisch auf dem Gipfel eines tuffsteinfarbenen Hügels gelegen, auf einer Halbinsel mitten im See. So habe ich mein heutiges Ziel schon im Blick, das beschleunigt den Schritt. Vorfreude.

Es ist kühl am See, immer weht hier ein leichter Wind. Auf der anderen Seeseite zieht sich das rosa Band der Berge bis über den Horizont hinaus. Die berühmten Farben des Sevansee: Blaues Wasser, roter Tuff, Himmel und Wolken.

Atemberaubend. Plötzlich wie von Geisterhand eine dicke Nebelwand, die über das aufschäumende Meer heranstürmt. Das gegenüber liegende Ufer verwischt, der See ein Ungeheuer, das Gespenster schickt. Geschichten. Die Geschichte von der armen Braut zum Beispiel, die vergessen hatte, den Stöpsel wieder in die Quelle dieses Sees zu stecken. Gruselgeschichten gehen mir durch den Kopf. The Fog. Englische Schwarzweiß-Filme, Sherlock Holmes. Der Fliegende Holländer.

ROMAN IV

Honigduft. - Der Nebel kam. Langsam aber stetig spann er seine Fäden über den See. Feucht und kalt. Die Menschen im Dorf zogen sich in ihre einfachen Häuser zurück, die Hunde drückten sich an den Häuserwänden herum und die Katzen versuchten durch die Küchentür ins Warme zu huschen. Selbst die Bäume und die Häuser schienen sich klein zu machen, als duckten sie sich in dem Versuch, den Nebelschwaden zu entkommen. Aber das gelang nicht. Unerbittlich kroch er über den See und verschlang alles mit seinem nasskalten Atem. Menschen und Tiere verstummten, die Bäume und Felder, selbst der Wind.
Es war nicht das erste Mal, dass Anna sich heimlich den Brautschleier ihrer Mutter über ihre

schwarz glänzenden Haare legte. Sie hatte heute Nachmittag mit einer schnellen, heimlichen Bewegung eine Kerze aus der Kirche eingesteckt. Jetzt zündete sie mit einem Streichholz den Docht an.

Es knisterte, als das Feuer die Feuchtigkeit fraß, ein schwacher Honigduft verbreitete sich in dem kleinen Schlafzimmer. Verstohlen betrachtete sie ihr Spiegelbild im Fensterglas. Anna erschauerte, ihr Herz krampfte sich zusammen, sie hörte sich selbst nach Luft schnappen, leise wimmern, Tränen liefen aus ihren Augen. Da verschwamm ihr Spiegelbild, sie sah durch sich selbst hindurch den Nebel über das Ufer schwappen. Die Kälte kroch ihr über die Zehen, die Füße hinauf, die Beine, den Bauch. Das kleine Herz stumm. Der Hals schnürte sich zu. Anna folgte der Stille in ihren Ohren, öffnete die Tür, lief dem Nebel entgegen, der sie umschlang wie liebende Arme.

Als der Frühling sich zögerlich ankündigte, die Jahreszeit des Nebels zu Ende ging, als erste zaghafte und noch kraftlose Sonnenstrahlen sich die Ufer des Sees Zentimeter für Zentimeter zurück eroberten, fanden die jungen Forellenfischer einen Brautschleier am Ufer. Sie alberten herum, warfen ihn hin und her und setzten ihn sich laut lachend gegenseitig auf den Kopf. Da kam ein kräftiger Windstoss und nahm den Schleier mit sich, immer höher und höher zog der Wind den Schleier, immer weiter auf den See hinaus. Erstaunt schauten die jungen Männer dem Schleier hinterher, der sich in einem wogenden Tanz zu drehen schien. Als er nicht mehr zu erkennen war, schüttelten sie sich, zuckten mit den Schultern wie junge Kälber es tun, drehten sich um und gingen in Richtung ihrer Fischerboote. Ein schwacher Honigduft umgab ihre dunklen Locken. Für immer.

Sona Terlohr, Bremen

Aber dieser Nebel erzählt auch andere Geschichten. Erzählt, wie der See sich das Land zurück holt, das frühere Generationen ihm weggenommen haben. Erzählt, dass der See Rache nehmen wird für die ausgerottete Forelle, für die Giftablagerungen, für den Raubbau an der Natur. Vielleicht erzählt der Nebel auch die Geschichten des kleineren Bruders, des Van-Sees in Westarmenien, in der Türkei. Keine Gruselgeschichten, Erinnerungen vielmehr, die wie rote Wolkenfetzen meinen Planeten bevölkern.

Um 16.21 Uhr bleibt meine Uhr stehen. Ich sehe es, als der Nebel sich wieder verzieht. Ich ahne, dass das kein gutes Zeichen ist.

Sevanavank also. Es war gut, sich dieser Kirche langsam, Schritt für Schritt zu nähern. Ich habe es immer wieder erlebt auf dieser Pilgerwanderung: Ermüdung und geistige Erweiterung, muskuläre Enge und mentale Weite, so öffnen sich Räume. Gehen, immer weiter gehen – das heißt auch immer mehr sehen, innen und außen verbinden sich. Neue Fenster. Am Fuß des hoch aufragenden Felsens beginnt eine steile Stein-treppe. Stufe für Stufe erklimmen, gegen den Lärm der Autoradios, gegen die ausgelassene

FLUCHT II

Die Geschichte einer Flucht: vom westarme-nischen Van nach Jerewan. Unbeschreibliches Elend unterwegs, Krankheit, Tod. Und eine Ge-burt, eine glückliche Geburt auf halbem Weg. Aber die junge Mutter verliert den Verstand, sie wird irre an sich und an Gott, sie wird die Fami-lie verraten, sie wird alle in den Tod reißen. Ihr Vater erstickt sie mit einem Kissen. Die Familie zieht weiter. Er bleibt zurück mit dem Leichnam. Niemand hat ihn danach je wieder gesehen.

Eine armenische Freundin, seit bald 20 Jahren in Deutschland, hat mir kürzlich die Geschich-te ihrer Familie erzählt. Zum ersten Mal, noch nie hat sie darüber sprechen können – obwohl sie doch schon die dritte Generation danach ist, obwohl sie doch Abstand haben sollte. Aber genau das ist ja das Werk dieser verheerenden türkischen Völkermordlüge: Sie setzt die Nach-fahren der Ermordeten unter ständigen Recht-fertigungsdruck, sie verhindert Trauerarbeit, sie zerstört die Seelen, sie bewirkt, dass Trauer und Erinnerung keine Heimat finden.

Fröhlichkeit mindestens zweier Hochzeitsgesellschaften, gegen aufdringliche Souvenirverkäufer. Stufe für Stufe hinauf, müde aber heiter. Dann der Absturz: Pater Jonas (Name geändert), gerade hat er wieder eine Hochzeit zelebriert, ist genervt. Oder er versteht meine Planetensprache nicht. Kein Erkennen, kein Erbarmen, kein Lächeln. Ich bin nur ein lästiger Tourist, einer von Zigtausenden lästiger Touristen. Dieser Ort ist eine Sammelbüchse für das Taschengeld von Ausflüglern, kein Platz für spirituelle Spinner. Pilgern heißt hier nur Spaß haben. Unten wird dann der Grill angeschmissen.

Pater Jonas (Name geändert), vielleicht hatte er nur einen schlechten Tag erwischt, vielleicht hatte ihn die hübsche Braut verwirrt? Jedenfalls lässt er mich abblitzen, verscheucht mich wie eine lästige Nebelschwade. Ich zünde noch rasch zwei Kerzen an, fühle mich rausgeworfen. Pater Jonas (Name geändert), ich werde Sie am Ende meiner Reise, in Dadivank, in meine Gebete aufnehmen.

Einmal musste es ja geschehen. Nach all den wunderbaren, freundlichen, zugewandten Begegnungen auf dieser Wanderung. Jeder Planet hat seine Schwefelquelle. Ich habe sie hier gefunden. Ausgerechnet hier, wo der Etschmiadsin vor Jahren - es war der Vorvorgänger des heutigen Katholikos - eine Filiale, ein Priesterseminar eingerichtet hat. Hier werden die jungen Theologen vorbereitet auf ihren Dienst im Namen des Herrn, im Inland und im Ausland. Alle müssen durch diese Schule. Pater Jonas (Name geändert) verwehrt mir einen Einblick. Ich fliehe diese Stätte. Und bitte zugleich um Verzeihung: Wie ich später, in Jerewan, erfahre, war der Schwiegersohn des Pater Jonas (Name geändert) wenige Tage vorher ermordet worden. Das wird seine Seele verdüstert haben, ich kann ihn gut verstehen – und werde trotzdem, nun aus doppeltem Grund, für ihn beten.

Früher war dieser Ort eine Insel, abgenabelt von der Welt, spirituelles Rückzugsgebiet. Erst seit in Sowjetzeiten dank hemmungslosen Missbrauchs der Wasserspiegel um über 22 Meter sank, war diese Halbinsel entstanden. Und damit ein Touristenmagnet ohnegleichen in Armenien. Seit einigen Jahren steigt der Wasserspiegel wieder, angeblich erholt sich auch der Fischbestand. Die Forelle aber, die überall lauthals angepriesen wird, ist billiger Importfisch und hat oftmals mit einer echten Forelle nur wenig gemeinsam.

Es wimmelt von Hotels. Das Haus, das mir mein taxifahrender Tourismusexperte aus Dilidschan genannt hatte, kann ich nicht finden. Ich lasse mich auf ein Gespräch mit einem Lada-Fahrer ein: Hotel? Gut Hotel. Hälfte Preis. Damit setzt sich mein Desaster fort. Das Haus sieht gepflegt und freundlich aus, ich bin einverstanden. Zu schnell, zu spät. Ich hatte vergessen, dass auch das Gastgewerbe hierzulande mit sowjetischen Traditionen infiziert worden ist. Hotel Potemkin.

Man führt mich durch den Gastraum, an der Küche vorbei in den Hinterhof. Auf freiem Gelände stehen da ein paar überdimensionierte Blechdosen herum. Ich sitze in einer Nissenhütte fest, die in unsere frühe Nachkriegszeit passt, ein wenig angehübscht, aber eben doch: eine Blechdose. Ich hoffe nur, ich bekomme keine Flöhe. Zugleich fällt mir der Fremde von gestern ein. Würde er eine solche Unterkunft vielleicht als hohen Luxus empfinden? Elektrisches Licht, Wasser, ein richtiges Bett. Was sind unsere Maßstäbe? Der Preis für meine Nissenhütte, 16 Euro, völlig überteuert, aber heute ist alles egal.Sevanavank und diese Blechdose, irgen wie passt das gut zusammen. Nur noch ein kurzer Blick ins Bad, dann ist es genug der Klagen: Wieder so ein Duschklo, eine winzige Kabine, in der Klo, Dusche, Waschbecken friedlich vereint sind und bei jedem Versuch, den Brausekopf zu benutzen, hoffnungslos überschwemmt werden. Das Klo, ohne Brille, ist nicht ans Wasser angeschlossen. Immerhin, der Duschschlauch ist lang genug.
Trostreich der Tee, den man mir auf meine Bitte hin in meiner Hütte serviert. Kräuter der Natur. Importware. Ich denke an meine schöne Rast mit dem Erdmännchen, an den Duft von wildem Thymian, von Minze und Rosmarin. Dieses Land ist so reich, dieses Land ist so arm.

120 Kilometer von hier nach Vardenis, immer am See entlang. Das klingt schön, ist aber grässlich. Eine viel befahrene Straße, kein Zugang zum Wasser. Ich werde mit dem Bus fahren. An der Busstation stehen Taxen herum, fixieren mich, beschließen offensichtlich erst einmal, wer seine Netze auswerfen darf. Alfred ist der Gewinner, Gas betriebener Wolga. Er überredet mich: 120 km à 100 Dram, 20 km schenkt er mir, macht 10.000 Dram, 20 Euro. Einverstanden.

Alfred ist wunderbar, und trotz vieler Zahnlücken kann ich ihn gut verstehen. Er zeigt mir unterwegs sein Dorf. Als Kind konnte er vom Haus aus fast direkt in den See springen. Dann, als das Wasser sich, zwangsweise, im Dienst der Stromgewinnung, immer weiter zurückzog, wurde in den siebziger Jahren des vorigen Jahrhunderts die breite Uferstraße gebaut. Irgendwann immerhin kamen weitsichtige Ingenieure darauf, dass der Mensch seine Welt nicht ungestraft zerstören darf. Sie planten ein Kanalsystem, das dem Sevan neues Wasser zuführt. Und nun knabbert der See wieder am Menschenwerk: ein kluges Wesen. An manchen Stellen müssen schon neue Spundwände und Mauern gezogen werden, um zu verhindern, dass die Straße unterspült wird.

Alfred hat mit 58 Jahren eine sichere Rente: 18.300 Dram, knapp 40 Euro. Davon kann niemand leben. Wie hoch die Renten in Deutschland sind? Na ja, man kann leben davon, gut, gerade so, schlecht, je nachdem. Aber von 40 Euro? Das geht nicht einmal in Armenien. Die Großfamilie ist die einzige Lebensform, die den Menschen Perspektiven gibt. Die Söhne bleiben zu Hause, die Schwiegertöchter ziehen ein, die Kinder werden von allen gemeinsam erzogen. So lebt auch mein Fahrer Alfred. Seine Mutter ist noch im Haus, ebenso einer der zwei Söhne mit Frau und drei Kindern, der andere fortgezogen nach Russland. Er arbeitet dort in einer Straßenbaubrigade.

Ganze Dörfer auf unserem Weg scheinen ausgestorben. Die jungen Menschen, ohne Arbeit und ohne Chancen auf Arbeit, ziehen fort. Wenn sie etwas Geld gespart haben, kommen sie zu Besuch, ein- oder zweimal im Jahr. Es gibt Chorowatz vom Fisch, gegrillte Auberginen, selbst gebranntes Teufelszeug für die Männer, ein Schnapsgläschen Wein für die Frauen. Dann reisen sie wieder ab.

Alfred schwärmt von der guten alten Sowjetzeit. Damals waren die Leute noch zufrieden, kein Neid, keine Eifersucht, keine Kriminalität. Heute sehen die Menschen überall nur Geld. „Kapitalismus schwer!" Ich widerspreche nicht, er erlebt es ja so. Ich habe vage Erinnerungen an die Zustände in Armenien in den siebziger und achtziger Jahren des vorigen Jahrhunderts. Paradies ist was anderes. Von Freiheit und Bespitzelung ganz zu schweigen. Aber mein Alfred sieht, was er sieht. Und er sieht schwarz. Nostalgie oder Realismus? Wie soll ich das beurteilen, als Durchreisender, dem die paar Dram für das Taxi nicht sehr schwer fallen. Mir fällt auf, dass die Menschen oft von den Sowjetzeiten sprechen, selten kritisch, meist positiv besetzt – aber nie reden sie vom Sozialismus.

Mein liebenswürdiger Taxifahrer erzählt von der Forelle. Er hat sie als junger Mann noch in den Netzen gehabt. Mordsburschen waren das, das Feinste von Feinen. Zehn Jahre lang war er mit dem Boot unterwegs auf dem See. „Ich kannte jeden Fisch hier." Die Einladung zu einem leckeren gegrillten Fisch, gerade per Handy eingegangen, muss er leider ablehnen. Er fährt einen Deutschen nach Vardenis. Vielleicht auf dem Rückweg. Schade, meint er zu mir, das hätte auch dir gefallen. Recht hat er, Hunger nagt an meinen Eingeweiden. Nicht einmal ein Frühstück habe ich heute Morgen in meinem Nissenhütten-Hotel bekommen.

Markttag in Vardenis, reges Treiben, ein buntes Durcheinander. Töpfe und Pfannen, Kleider, Schuhe, Obst und Gemüse, massenhaft Tomaten, Weintrauben. Roter Basilikum, allerlei Kräuter, eimerweise wird das jetzt gekauft. Jeder Armenier kennt die Rezepte für Heilmittel aller Art. Wer weiß denn, wann ein Arzt kommt. Und wer weiß, was das wieder kostet. Die Gesundheitsfürsorge ist kostenfrei, aber manchmal stimmt wohl auch das nicht so ganz. Ich kaufe groß ein: zwei Tomaten, zwei Gurken, ein Kilo Beeren, ein Brot. Die Leute glauben nicht, was sie hören. Bestimmt will der komische Vogel zwei Kilo Tomaten, zwei Kilo Gurken. Wir lachen herzlich und für einen knappen Euro habe ich ein gesundes Essen auf meinem Hoteltisch.

Mein Hotel? Das richtige Hotel hat seinen Betrieb eingestellt, vermutlich schon vor Jahren. Ein Installateur richtet flugs drei Fremdenzimmer ein, primitiv aber sauber. Er ist angekommen in der neuen Zeit: Er handelt mit Touristen, mit Armaturen, mit Autoreifen und sicher noch mit diesem oder jenem.

Von meinem Fenster aus übersehe ich die ganze Stadt. Ein großer Platz, das heißt ein großer Kreisverkehr, vier Straßen treffen aufeinander, zwei führen ins Nichts, die anderen zurück nach Sevan oder weiter nach Karvatchar. Da will ich hin, da wittere ich schon mein Ziel. Morgen früh gegen 9 Uhr soll ein Bus in meine Richtung fahren, vermutlich bringt er die Arbeiter hinüber zu den Goldminen, die im Grenzgebiet Armeniens ausgebeutet werden und wenigstens irgendjemandem Wohlstand bringen. Von dort aus werde ich wieder wandern.

Jetzt aber hätte ich gern noch einen Tee. Irgendwo klopfe ich an eine Tür und äußere meinen Wunsch. Es ist, als hätte ich einen Zauberspruch benutzt: Ich bekomme einen Tee und mit dem Tee Gesellschaft. Der Chef persönlich.

Harfentöne. - Der Thymiantee, der in einer großen Glaskaraffe vor ihr stand, duftete verführerisch nach herbstlichen Bergwiesen. Trotzdem hätte sie jetzt viel lieber einen doppelten Gin, am besten gleich eine ganze Flasche davon und dazu einen Eimer voll Eis. Nach diesem Schock. Sie hatte den Mann vor fast einem Jahr kennen gelernt, sie hatten sich ein paar Mal leidenschaftlich geliebt, aber dann war er grußlos verschwunden, untergetaucht im nächtlichen Dickicht der Stadt. Ihre Brüder hatten ihn nach vielen Wochen aufgespürt, da war sie bereits im sechsten Monat schwanger. Sie brachten ihn hinaus aufs Dorf, wo sie bei einer Tante Unterschlupf gefunden hatte. Wir heiraten, selbstverständlich, jammerte er – das Messer, das der jüngste Bruder ihm dabei an die Kehle hielt, verlieh diesem Schwur jeden notwendigen Nachdruck. Aber dann versuchte er doch zu fliehen. Als er, mit ausgebreiteten Flügeln, über den Rand der Felsenschlucht stürzte, höhnte er kreischend: Ich liebe dich nicht! Sie aber hörte nur die zarten Harfenklänge des Windes und das tosende Crescendo des Aufpralls. Die Tante kochte einen Thymiantee, die unglückliche Braut hätte viel lieber einen ordentlichen Gin, oder einen Wodka, oder einen Maulbeerschnaps.

Ein bisschen Plauderei. Er spricht über Gott und über Geschichte: Jedem Armenier liegt die Geschichte seines Landes offenbar ziemlich nah unter der Haut und zu jeder Tageszeit direkt auf der Zunge. Er fragt mich, ob wir in Deutschland Christen oder Katholiken seien, aber er weiß schon, dass da kein großer Unterschied ist...

Ich gewinne sein Vertrauen. Er holt den Familienschatz hervor. Ein Buch, eine Bibel, 150 Jahre alt, keine bibliographische Rarität. Aber diese Bibel birgt ein Geheimnis, sie wird gehütet wie ein Kronjuwel, und das völlig zu Recht. Sie wird von Generation zu Generation weiter gereicht. Franz – er heißt so nach Franz Werfel, und die Tränen steigen ihm in die Augen, wenn er nur an dessen „40 Tage des Musa Dagh" denkt – Franz also zeigt mir das Geheimnis dieser Bibel. „Da siehst du, wie wichtig uns Armeniern die Schrift ist, so sehr verehren wir das Wort." Er zeigt mir das Geheimnis, erzählt mir aber nicht die Geschichte dahinter. Erst in der Nacht, in meinen flackernden Traumbildern, werde ich sie sehen, Sequenz für Sequenz.

Die Familie lebt in einem Dorf unweit von Erzurum. Sie sind einfache Handwerker, Sattel-
macher und Schuster. Es sind unruhige Zeiten,
gerade bringt ein Onkel die neuesten Nachrichten aus der Stadt. Er ist mit Pferd und Wagen
vorgefahren, seine Frau und seine Töchter warten zu Hause auf ihn, er hat wenig Zeit. „Wir
müssen fort, es ist so weit." Er weiß aus sicherer
Quelle, dass schon morgen oder übermorgen,
spätestens nächste Woche, der Deportationsbe-
fehl ergehen wird. „Packt das Nötigste zusammen, morgen früh bei Sonnenaufgang müssen
wir fort sein." Tränen, Heulen, Skepsis. „Und
wenn er sich irrt?" Aber sie packen doch, warme
Kleidung vor allem für die Kinder, Essensvor-
räte, Wasserkrüge. Kurz vor Sonnenuntergang
fährt der Onkel vor, sie verstauen ihre Sachen
im Wagen, die Frauen und Kinder werden noch
Platz finden, die Männer gehen zu Fuß. Die Frau
des Sattelmachers zögert. Wohin mit der Bibel?
Ihr Mann eilt noch einmal in die Werkstatt, mit
einem kräftigen Nagel bohrt er vorn und hinten je vier Löcher in den Ledereinband. Dann
nagelt er das Buch unter den Wagen, verklei-
det es noch einmal mit einem Stück Segeltuch.
Der Onkel hat sich umgehört, kennt sich gut
aus, er findet eine halbwegs sichere Fluchtrou-
te. Einmal können sie sich von ihren Häschern
freikaufen, es kostet sie fast ihr gesamtes Hab

und Gut. Die alte Mutter stirbt auf halben Weg, sie beerdigen sie, sie setzen sogar ein einfaches hölzernes Kreuz auf ihre Grabstelle. Die anderen erreichen, nach Wochen, sicheren Boden. Sie sind in Armenien. Sie haben Verwandte in Vardenis, dorthin ziehen sie. Die Bibel, je vier Löcher vorn und hinten im Ledereinband, zeugt für immer von dieser Flucht.

Franz liest, bevor er sich verabschiedet, noch ein Gebet aus dieser Bibel vor, ein Zufallsfund: ein Gebet für den Reisenden, Gott schütze dich vor Not und Gefahr. Dann ruft ihn die Familie in die privaten Gemächer zurück, Abendessen, ganz gewiss ein guter Schluck Wodka dazu. Er weiß zu leben.

Morgen gegen 9 Uhr schickt er mir einen Jeep, der mich bis zum Sotk-Pass bringen soll, in die Nähe der Goldminen.

VARDENIS – DADIVANK

Armenische Zeitrechnung. Ich bin um halb neun auf der Straße. Franz wuselt herum: Jeep kommt gleich. Nach einer Stunde, der Bus ist längst weg, frage ich nach. Gleich, gleich, gerade diese Sekunde kommt er.

Diese Sekunde dauert ungefähr eine dreiviertel Stunde. Ein Jeep, tatsächlich. Gepäck eingeladen, los. Aber nun versagt die Batterie. Alle nur denkbaren Kabel werden besorgt, die halbe Stadt hilft, jemand versucht eine lebensgefährliche Überbrückung. Nur seltsam, dass niemand am tödlichen Schlag stirbt. Irgendwann rüttelt der Motor sich zurecht. Aber nun muss man erst einmal die Frau des Fahrers aufspüren, sie hatte die Gelegenheit genutzt und schnell eine Freundin besucht. Zeit für einen Kaffee ist immer. Am frühen Mittag sind wir wirklich unterwegs. Aber schon nach wenigen Kilometern biegen wir überraschend von der Straße ab.

Ruinen, ein zerstörtes Dorf, das nächste Dorf ebenfalls zerstört. Nur Ruinen, sonst nichts. Der Krieg um Arzach hat seine finale Sprengkraft bis weit nach Armenien hinein getragen: Das hatte ich nicht erwartet, wir sind hier noch fast 25 Kilometer von der Grenze entfernt. Vartan, der Chauffeur, fährt mich in sein Dorf. Es heißt Azat, „Frei", frei übersetzt von Vartan: „No problem".

Aber Probleme gibt es wohl doch zu Hauf: die Kirche ein Trümmerhaufen, kaum noch erkennbar, spärliche Kerzenreste an einem Kreuzstein, die meisten Menschen nach Jerewan oder nach Moskau oder sonst wohin in die weite ferne Welt geflüchtet, Geburtenrate weit unter Soll. Die völlig überdimensionierte Schule präsentiert stolz eine Turnhalle, mit französischem Geld wieder hergestellt. Und sonst? 23 Kinder, 9 Lehrer. Kein Wunder, wenn Lehrer schlecht bezahlt werden.

Vartan lädt meinen Rucksack in ein fremdes Auto: „Die bringen dich hinauf an den Pass." Aber die, drei gelangweilte junge Leute, wollen eigentlich nur mit mir saufen. Ich bin Spielverderber. Also setzen sie mich gleich an der Straße wieder ab. Sieh zu, wie du weiter kommst. Mir ist das nur recht, nichts geht doch über Schusters Rappen. Ich wandere wieder. Ich pilgere. Dadivank liegt vor mir, etwas über 70 Kilometer. Seit langem habe ich jetzt wieder das Gefühl, auf dem richtigen Weg zu sein.

Brennende Hitze und ein langer steiniger Aufstieg durch die Goldminen von Sotk. Nichts zu spüren von Goldrausch und Westernromantik. Kein verschrobener Fuzzy Q. Jones, der mit seiner Flinte herumfuchtelt, kein John Wayne, der seinen Claim absteckt und von riesigen Nuggets träumt. Gold ist eben doch nur irgendeine chemische Formel. Nicht einmal einen ordentlichen Saloon gibt's hier oben. Nur Staub, Lkws fahren kostbares Gestein hinunter in die Fabrik oder Steinschutt hinüber zu den Abraumhalden auf der anderen Seite des Berges. Weiter zum Pass, 2750 Meter über dem Meeresspiegel. Die Sonne brennt, steile Serpentinen ohne Ende, bei jeder Kehre wird der Rucksack schwerer. Aber irgendwann ist es geschafft. Ich bin drüben, ich bin in Karvatchar.

Von nun an, denke ich mir, geht es nur noch bergab. Aber so sind die Berge nicht, so ist eben nur das mathematische Mittel. Es wird noch

KARVATCHAR

Zwei Korridore gibt es von Armenien nach Arzach, einen offiziellen und einen eher inoffiziellen - eine feine Vorfahrt durch den Latchin-Streifen, einen eher schmuddeligen Hintereingang durch Karvatchar. Beides unerlässlich wichtige Lebensadern für die winzige Republik. Der politische Status beider Regionen ist ungeklärt, sie gelten auch 16 Jahre nach Ende der Kriegshandlungen um Arzach noch immer als militärisch besetztes Gebiet. Aserbeidschan erhebt Ansprüche, Arzach betrachtet beide Regionen längst als integrale Bestandteile des Landes. Armeniens Haltung ist umstritten, manche Politiker sind offenbar durchaus bereit, über andere besetzte Regionen im Umfeld Arzachs zu verhandeln: Karvatchar (türkisch Kelbajar) und Latchin aber sind tabu. Sie schützen die Westflanke Arzachs. Sie aufzugeben, würde das Ende der Republik bedeuten.

schwer genug. 10 Kilometer Aufstieg liegen hinter mir, 50 Kilometer Abstieg vor mir, Höhen und Tiefen unkalkulierbar. Hier oben stehe ich wie auf einer Aussichtsplattform und habe einen weiten Blick ins Land. Minenarbeiter, für eine Zigarettenpause vom Bock gestiegen, werden neugierig: Allein unterwegs? Zu Fuß? Sie sind ratlos: Was gibt es denn hier? Ich schaue hinüber in die Berge: Das gibt es hier!

Bäume an den Berghängen, es wird wieder grün. Weiter unten sehe ich einen Bach sich durch die Wiesen mäandern. Auf den Almen grasen Kühe und Schafe. Frieden.

Bis zum ersten Dorf. Eingestürzte Dächer, zerborstene Mauern, nichts als Ruinen. Hier haben Aseris und Lasen gewohnt, hier haben sie ihre Kühe geweidet, ihre Feigen geerntet, ihre Tomaten für den Winter eingekocht. Krieg ist gerecht, er zerstört immer beide Seiten. Krieg ist ungerecht, er kreiert nie einen verdienten Sieger, er lässt immer nur Opfer zurück. Die Men-

ROMAN VI

Krieg. - Ich tätschelte den Hals seines Pferdes, es schnaufte und aus seinen Nüstern stieg Nebel auf. „Vergiss nicht: wenn du säufst, saufe, wenn du kämpfst, kämpfe, wenn du liebst, liebe, mehr ist nicht zu wissen." Wir waren schon oft gemeinsam in die Schlacht gezogen, hatten gemeinsam gelacht, hatten uns gegenseitig die Weiber ausgespannt, aber noch nie hatte er so etwas gesagt. „Vergiss du nicht zu kacken", ich brauchte den letzten Satz. Er lächelte mich an und ritt davon.

Er starb in einem blutigen Matsch und ich in dem anderen. Egal, wir werden uns wiedersehen.

Volker Hullmann, Düsseldorf

schen müssen sehen, wie sie mit den Folgen zurecht kommen. Flüchtlingsströme in diese wie in jene Richtung: Die Armenier aus Aserbeidschan verjagt, die Aseris vom Krieg aus Arzach vertrieben. Trauer in den Familien. Wut? Wie wird diese Geschichte ausgehen?

Später wird mir Bagnagwar in dem Dorf Knaravan sagen: Dies war immer unser Land, jetzt haben wir es uns zurück geholt, und niemand wir es uns wieder nehmen. Und David wird mir sagen: Du bist durch dieses Land gewandert. 80 Jahre lang haben die Muselmanen hier gewohnt, hast du ihre Moscheen gesehen, hast du gesehen, wo sie gebetet hätten? Nein! Aber unsere Kirchen, die Ruinen unserer Kirchen, die hast Du überall gesehen. Oder?

Wo er Recht hat, hat er Recht. Aber sind in Sowjetzeiten Kirchen gebaut worden? Ist dieser Vergleich gerecht? So wenig wie Krieg gerecht oder ungerecht ist, so wenig ist Geschichte gerecht oder ungerecht. Darum ist Geschichte nie zu Ende. Wenn die Türkei sich der Geschichte des Völkermords an den Armeniern gestellt hätte, vielleicht hätte sie schon längst den Weg in eine aufgeklärte Bürgergesellschaft finden können, vielleicht hätte sie das Zusammenleben mit den Kurden befrieden können, vielleicht hätte sie Versöhnung mit den Armeniern suchen können. Seit fast hundert Jahren hoffen türkische Regierungen darauf, dass Geschichte vergisst. Aber das Gedächtnis der Geschichte ist unbestechlich. Nehmen wir Stalin. Er ist seit langem Vergangenheit, und doch fordert seine Politik Opfer bis heute. Geschichte vergisst nicht. Aber wir, Optimisten, können hoffen, dass die Menschen irgendwann einmal, nach Jahrzehnten vielleicht, vielleicht erst nach einem Jahrhundert, die richtigen Schlüsse ziehen. Frieden.

DIE PHILOSOPHIE

Ernst Bloch, so oder so ähnlich: „Wer seine Geschichte nicht kennt, ist dazu verdammt, sie zu wiederholen." Was aber ist mit denen, die ihre Geschichte zwar kennen, sie jedoch leugnen? Bloch hätte vielleicht so formuliert: Wer seine Geschichte kennt und sie leugnet, hält sich bewusst die Option offen, sie zu wiederholen. Und da träfe sich der alte Philosoph mit dem jungen Historiker Daniel Goldhagen. Dessen Schlussfolgerung ist klar: Nur durch eindeutige Verurteilung aller „eliminatorischen Angriffe", nur durch eindeutige Verurteilung von Völkermord können wir potentiellen Tätern die Lust auf neue, politisch „nützliche" Vernichtungsaktionen verhageln. Goldhagen sieht da Täter und Opfer in der Pflicht. Er fordert eine unmissverständliche Sprache: „Wir dürfen nicht das Passiv verwenden, das die Beteiligung der Täter ausspart... Wir müssen das Aktiv wählen. Und wir müssen darauf achten, die Täter beim Namen zu nennen; wir sollten keine Angst haben, sie Türken zu nennen, wenn sie Türken sind, Japaner, wenn sie Japaner sind, Deutsche, wenn sie Deutsche sind..." Damit sind wir fast schon bei der Frage eines türkischen EU-Beitritts und bei der Integrationsdebatte, die sich in Deutschland gerade heiß läuft, während ich noch ahnungslos durch das herbstlich verfärbte Armenien pilgere. Geht es wirklich um Kopftuch und Döner, um Gemüsestände auf dem Wochenmarkt und die Fruchtbarkeit von Migrantinnen? Oder nicht doch vielleicht eher um Fragen wie diese: Wie vertragen sich die Nachwehen osmanischer Großmachtträume mit dem Konzept einer freiheitlichen Demokratie? Wie kann, wer den Völkermord seiner Vorfahren zu einer politisch historischen Notwendigkeit verniedlicht, in einer modernen und friedlichen Gemeinschaft heimisch werden? Können wir gemeinsam über die Untaten unserer Vorväter trauern?

Pilgern ist schon darum ziemlich aufregend – weil dir dauernd so komplizierte Fragen im Kopf herumgeistern...
Bussarde kreisen, Eidechsen flitzen aus der heißen Sonne in ihre Felsenritzen, wenn sie meine Schritte spüren. Der kühle Bergbach spendet herrliche Erfrischungen, ein paradiesisches Land. Diese Natur ist phantastisch, eine gewaltige Bergwelt, grün gemildert, berauscht vom Wasser und von den Phantasien der Einsamkeit.

Ich bin ganz allein auf der Welt, mein Planet kreist und kreist. Kilometer um Kilometer.

Langsam nagt der Hunger. Heute Morgen war keine Gelegenheit, etwas Wegzehrung einzukaufen. Ich musste ja auf den Jeep warten. Unterwegs kein lebendes Dorf, keine Kneipe, kein café con leche. Meine Wasservorräte gehen zur Neige. Die ersten Abendwolken ziehen auf, ein kurzer Anflug von Panik.

Rechter Hand endlich ein kleines Sägewerk, drei ziemlich tolldreiste Burschen laden mich ein. Eine kurze Rast, komm runter, einen Augenblick nur. Ich ahne es, sie wollen eine Flasche Klaren herumgehen lassen. Da bin ich nun schon wieder Spielverderber, aber sie nehmen nicht übel. Der Älteste hat eine gute Idee – er schickt einen der beiden Jungs ins Haus, um irgendwas zu besorgen. Der kommt mit einem Kilo-Kastenbrot zurück. Unser tägliches Brot gib uns heute!

Unter lautem Gejohle der drei ziehe ich weiter. Nichts kann mehr schief gehen an diesem Tag. Ein Bett? Nicht nötig, ich könnte gut hier am Bachufer schlafen, vielleicht in einer der Bauruinen, auf jeden Fall sicher vor Bären, Wölfen, Hunden oder Alpträumen. Eine Freundin schrieb mir vor meiner Abreise: „Wölfe, Bären und streunende Hunde dürfen dich nicht missverstehen, Vampire sollen dich meiden. Du möchtest mir erklären, dass diese blutsaugenden Geister in Rumänien arbeiten? Ach, kennen gute und böse Verfolger wirklich Grenzen und wenn ja, welche?" Egal,

UNSER TÄGLICHES BROT

Was für ein gewaltiger Satz: Unser tägliches Brot gib uns heute. Ich habe über diesen Satz nie nachgedacht. Brot ist ja nicht gerade unsere tägliche Sorge, satt werden wir von allein. In diesem Satz aber, zum ersten Mal verstehe ich ihn, geht es um etwas ganz anderes. Um Vertrauen. Um Gottvertrauen. Gib, dass ich HEUTE satt werde, morgen ist ein anderer Tag, morgen reden wir dann wieder miteinander. Der Vogel, der heute seine Körner pickt, denkt nicht an morgen. Ist das nicht dasselbe? Nein, dieser Vogel lebt in den Tag hinein. Der Mensch, der mit Gott redet, weiß ganz sicher, dass da jemand ist, dem er auch morgen vertrauen kann. Er braucht keine Lebensversicherung, keinen Garantieschein. Unser tägliches Brot gib uns heute.

heute Nacht bin ich gefeit, nichts kann mehr schief gehen.
Dann aber doch noch ein Dorf. Knaravan, 15 Häuser, die sich den Hang hinaufschlängeln. Im Haus Nr. 15 wohnt der Bürgermeister. Nicht da, erklären die Nachbarn, er ist dienstlich in Stepanakert. Sie bitten mich hinein. Bleib hier, du wartest besser im Haus auf ihn, unmöglich kannst du jetzt noch weiter ziehen. Das finde ich auch und nehme dankend an. Acht Stunden Fußmarsch, ich kann wirklich nicht weiter. Ein einfaches Abendessen, Fernsehen, dieselben Se-

rien wie immer und überall. Es wird spät, der Bürgermeister ist noch nicht zurück: Du bleibst hier heute Nacht, kein Problem. Es tut gut, Gast in diesem Haus zu sein – ein Ehepaar wie aus dem Märchenbuch. Wenn die beiden sich anblicken, geht die Welt unter. Oder die Sonne geht auf. Er ist Schreiner und Holzkünstler, gerade konstruiert er einen Blumenständer für die Bürgermeisterei. Sie haben zwei Kinder. Die Tochter, ein Teenager, malt und collagiert Bilder, hoffentlich kann sie etwas aus ihren Talenten machen.

Ich bekomme das elterliche Schlafzimmer, meine Gastgeber begnügen sich mit der Gästecouch – so können sie auch getrost noch ein paar Stunden fernsehen.

Ein Kaffee nach dem Aufstehen. Dann wird der Tisch gedeckt fürs Frühstück. Fünf Gedecke, eines zu viel. Für wen also ist der fünfte Teller? Der Bürgermeister kommt. Die Überraschung ist perfekt: der Bürgermeister ist eine Bürgermeisterin. In einem Land, in dem kein Mann in der Lage scheint, sich selbst auch nur einen Aschenbecher aus der Küche zu holen, wird eine Frau zur Bürgermeisterin gewählt. Sie staunt selbst noch immer über diesen Coup. Aber sie sieht auch: Wir sind einfach besser, wir haben einen anderen Blick auf die Bedürfnisse unseren kleinen Gemeinschaft. Eine zupackende Frau, sie hat sofort das Sagen am Tisch. Die geborene Chefin. Sie schildert ihre Probleme: kein Geld, kein Budget, keine Arbeit. Nur Sponsoren aus dem Ausland können weiter helfen. So wie die Franzosen, die dieses Dorf gebaut haben. Schlichte Steinhäuser, zehn mal zehn Meter, Außenfenster und –türen, Rohbau, sonst nichts. Aber jedes Haus hat einen großen Garten. Die 15 Familien kamen aus Armenien. Hier haben sie auch keine Arbeit, aber der Boden ernährt sie, es ist einfacher, hier zu überleben. Die Schule hat, ich kann nur staunen, optimale Voraussetzungen: 10 Kinder, 8 Lehrer. Da werden doch sicher nur Genies herangezogen.

Die Bürgermeisterin hat Pläne, man will endlich Arbeitsplätze schaffen. Es gibt doch genügend Holz hier in der Gegend, vielleicht lässt sich da was machen.

Und, haben Sie keine Angst, dass die Politik ihnen das Land irgendwann einmal wieder wegnehmen könnte? Nein, wir sind hier in Arzach, niemand wird das je wieder ändern. Und der Hausherr ergänzt lächelnd: Bevor wir hier wieder Aserbeidschan angegliedert würden, wären wir alle tot. Hier werden noch unsere Kinder und Enkelkinder leben. Das ist unser Land. Und wenn die pure Not Eure Kinder oder Eure Enkelkinder vertreibt?

Meine Gastgeber, die Bürgermeisterin, sie beschämen mich mit ihrer Herzlichkeit. Es gibt noch einmal ein Gläschen von diesem herrlichenselbst gemachten Obstwein, funkelnde Rubine im feinen Kristall, dann werde ich mit einer großen Plastiktüte voller Bratkartoffeln entlas-

ARZACH

Arzach, eine winzige Republik, die unter dem Namen Berg-Karabach firmiert, weniger als 200.000 Einwohner. Arzach gehörte historisch - schon vor unserer Zeitrechnung - immer zu Armenien, erst die zerstörerische Nationalitätenpolitik Josef Stalins befahl die gewaltsame Abtrennung vom Mutterland und die willkürliche Zuordnung zu Aserbeidschan. Im Februar 1988 zogen aserbeidschanische Totschlägerbanden durch die nahe Baku gelegene Industriestadt Sumgait und verübten systematische Massaker an den armenischen Einwohnern. Die Täter handelten planmäßig: Sie waren zuvor von der Stadtverwaltung mit den Adressenlisten der Armenier ausgerüstet worden. Diese Massaker waren Auslöser einer für beide Seiten verlustreichen kriegerischen Auseinandersetzung. In einer Volksabstimmung erklärte sich Berg-Karabach 1991 für selbstständig. Seit Mitte 1994 ruhen die Waffen. Vorläufig?

Arzachs Unabhängigkeit ist international nicht anerkannt. Aber es gibt ein ermutigendes Signal vom Internationalen Gerichtshof (IGH) in Den Haag. Das hohe Gericht hat nämlich in einer Aufsehen erregenden Grundsatz-Entscheidung festgestellt, dass die einseitige Unabhängigkeitserklärung des Kosovo nicht gegen Völkerrecht verstößt: Damit stärken die Richter massiv das Selbstbestimmungsrecht der Völker, das auch die Armenier von Arzach für sich in Anspruch genommen haben. Eine friedliche Lösung des Problems scheint damit näher gerückt zu sein.

Der Konflikt zwischen Aserbeidschan, Arzach und Armenien ist ein Schwelbrand, der jeden Tag von Neuem auflodern kann. Aber die internationalen Löschmannschaften, die den Glutnestern zu Leibe rücken wollen, haben jetzt ein neues Brandschutzmittel im Aktenkoffer – die Rechtsauffassung des IGH. Wer Lösungsansätze für den Arzach-Konflikt entwickeln und bewerten will, wird spätestens jetzt immer auch dies abwägen müssen: das Selbstbestimmungsrecht eines Volkes gegen die Willkür des furchtbaren Diktators Stalin.

sen. Bari djanabar, gute Reise. Ich darf nicht bezahlen, ich fühle mich dieser Liebenswürdigkeit hilflos ausgeliefert. Herzliche Umarmung.

Dreimal werde ich unterwegs polizeilich-militärisch überprüft. Keine Beanstandungen. Später stelle ich fest, dass ich verbotene Wege gegangen bin. Karvatchar war für mich offiziell tabu: „Movement only along the international roads of NKR is permitted". Gut, dass ich das nicht vorher gewusst habe.

Ich passiere jene Brücke, über die schon seit vielen Jahren mit Spott und Bewunderung gesprochen wird: Du glaubst es nicht, aber da kann sogar ein voll beladener Lkw drüber. Ich traue mich kaum zu Fuß. Aber die Brücke hält. Ich wandere unter Walnussbäumen – wallende Wonnen. Der kleine Bach an meiner Seite hat mittlerweile ein paar Töchter und Söhne von rechts und links vereinnahmt, nun rauscht er als veritables Wildwasser in die Tiefe. Die Schluchten, die er hier über Jahrtausende in den Fels geschnitten hat, sind beunruhigend, manche Stellen passiere ich lieber im Laufschritt. Man weiß ja nie, was da runterfallen kann! Nach Stunden öffnet sich der Berg, vor mir das erste Hinweisschild: Dadivank. Ich bin fast am Ziel. Noch einmal ein mühsamer Aufstieg. Da liegt es. Mein Kloster. Dadivank. Ob der große Komitas auch hier gewesen ist, als er durch das Land reiste und alte Lieder sammelte? Hier muss er fündig geworden sein. Ich höre seine Liturgien im stillen Mauerwerk. Meine Willkommens-Messe, ganz ohne Orgel und zirkusreifen Weihrauchkessel.

Ein elfjähriger Junge verkauft mir Kerzen. Rauchst du, fragt er und will natürlich eine Zigarette schnorren. Leider nein. Ich frage ihn nach David, jenem David, den die Bürgermeisterin von Knaravan mir ans Herz gelegt hatte. David? Das ist mein Onkel.
Der Onkel wohnt gleich im ersten Haus unter dem Kloster, er lädt mich sofort ein, zu bleiben. Seine Frau Armine ist ungefragt einverstanden. Die Schwiegermutter ist zu Besuch aus Jerewan gekommen, sie kochen über offenem Feuer im Garten Wintergemüse ein. Im Haus ist eigentlich kein Platz für mich. Aber erst einmal trinken wir

Er ist zweifellos der bedeutendste armenische Komponist der neueren Zeit, gilt völlig zu Recht als Begründer der modernen klassischen Musik Armeniens. Geliebt und verehrt wird er bis heute, weil er wie kaum ein anderer das Schicksal der armenischen Nation verkörpert: Opfer des Völkermords, Überlebender des Völkermords, mit verdunkelter Seele gestorben an den Folgen des Völkermords.

Das Schicksal hatte dem kleinen Soghomon Gevorki Soghomonian schon früh übel mitgespielt. Seine Mutter starb wenige Monate nach seiner Geburt im Jahre 1869, nach dem frühen Tod des Vaters wuchs der Junge bei seiner Großmutter auf. Er muss in der Schule durch besondere Intelligenz aufgefallen sein, oder vielleicht hatte er auch nur eine besonders schöne Stimme, jedenfalls nahm sich ein Priester seiner an und vermittelte ihn an das kirchliche Seminar von Etschmiadsin. Schließlich wurde er zum Mönch ausgebildet und erhielt seinen neuen Namen Komitas nach einem Katholikos des 7. Jahrhunderts, der ein berühmter Hymnendichter und Musiker war. Sein Weg war damit vorgezeichnet. Mit einem Stipendium konnte er in Berlin Musikwissenschaften studieren. Nach seiner Rückkehr reiste Komitas kreuz und quer durch die geliebte Heimat und sammelte in den Dörfern Volkslieder. Er benutzte dazu ein altes armenisches Notationssystem, das Khas, das zu jener Zeit fast vollständig vergessen war und von Komitas ganz neu entziffert wurde. Neben der Volksmusik ist das zentrale Werk des Komponisten die Liturgie (Patarak), heute immer noch Teil der gebräuchlichen Kirchenmusik.

Der 24. April 1915 war, wie für Hunderttausende anderer Armenier auch, sein Schicksalstag. An diesem Tag – der den Beginn des Völkermords markiert - wurde er in Konstantinopel mit einigen hundert weiteren armenischen Intellektuellen verhaftet und deportiert. Während fast alle anderen umgehend ermordet wurden, ordnete Innenminister Talaat, vermutlich aufgrund internationaler Interventionen, die Rückkehr von acht Häftlingen an, darunter Komitas. Der hat sich von diesem Trauma nie wieder erholt. Ab 1922 bis zu seinem Tod im Jahr 1935 lebte er völlig in sich zurückgezogen in einer psychiatrischen Klinik in Frankreich.

einen Kaffee, dann wird man weiter sehen. Und wo wir schon so gemütlich Kaffee trinken, können wir doch auch gleich das Abendessen – um vier Uhr nachmittags – folgen lassen...

Endlich kann ich wieder hinauf, mich im Hof des Klosters auf einen Stein setzen. Schreiben. Erst später, am Abend, werde ich hineingehen in meine Kirche, den Augenblick will ich noch ein wenig hinausschieben.

Es beginnt zu regnen. Armen kommt mir in den Sinn. Er hat mir oft von Dadivank erzählt, er liebte diesen Ort. Und dieser Ort liebte ihn, so muss es wohl gewesen sein. Armen und Margrit Haghnazarian haben so unendlich viel dafür getan, dass dieses Kloster überlebt hat, sie haben den Wiederaufbau angestoßen und begleitet. Und wenn es nur das wäre, was Armen geleistet hätte, es wäre allemal genug gewesen. Aber er hat viel mehr getan. Seine ganze Energie hat er in die Dokumentation armenischer Architektur in der Türkei, im Iran, in Nachitschewan gesteckt. Und in die Rettung gefährdeter Baudenkmäler. Er ist viel zu früh gestorben, höre ich Freunde klagen. Ja, der Tod kommt immer zu früh. Aber was heißt das schon? Das, was dieser Mann geleistet hat, reicht für mehrere Leben. Wie hatte es doch Pater Vigen in Akhtala gesagt: Unsere Werke bergen die Erinnerung an uns, daran werden wir gemessen werden.

David und Aram kommen herangeschlendert. Sie haben etwas ausgeheckt, haben mich quasi umquartiert. Ich werde bei Aram unterkommen, er wohnt in einem Haus oberhalb der Kirche, tief im Wald versteckt, mit seiner Frau und drei Knaben im Alter von sechs bis sechzehn. Absolute Einsamkeit, nur hin und wieder suchen marodierende Kühe seinen Garten auf. Er ist einer dieser durchgeknallten Eiferer, die ganze Nacht wird er mit mir reden – über die Bibel, den Koran, über Engel und über die Apostel, über den Satan. Verstehst du? Nein, ich verstehe natürlich nicht. Planetensprache.

DIE PLANETENSPRACHE

Sag einem Armenier, er soll eine Rede halten: er redet. Sag ihm, er soll einen Toast ausbringen: er bringt einen Toast aus. Diese Leute sind verliebt in ihre Sprache, sie wenden sie hin und her, kehren sie um, spielen Pingpong mit den Wörtern. Sie sagen nicht einfach Haz (Brot), sie sagen Haz-maz; sie sagen nicht einfach Barew (guten Tag), sie sagen Barew-garmir arew (guten Tag-rote Sonne), was keinen Sinn macht, aber hübsch klingt. Das Reservoir witziger Wortverdrehungen ist unerschöpflich. Wortspiele, Reime, Analogien – die Armenier sind nie verlegen, den Witz ihrer Sprache zu entdecken und zu erweitern. Da sind sie kreativ ohne Ende. Sie scheinen sich auch, was Wunder, an den Stolpersteinen ihrer Sprache nicht sehr zu stören.

Uchtagnatzutjun. Was für ein Wort! Fast schon selbst eine Pilgerreise durch das Alphabet – zwei Stunden lang habe ich auf dem Hinflug an diesem Wort gefeilt, habe es durch den Rachen gespült und über die Zunge schreiten lassen, um dann, bei der ersten praktischen Übung im wirklichen Leben, doch nur stotternd zu scheitern. Eine „Wildkatze" nennt Ossip Mandelstam die Sprache Armeniens, sie „quält mich beständig, zerkratzt mir mein Ohr." Ich teile seine Qualen, allein das Kratzen hör ich nicht. Ich höre vielmehr die Vokale kollern, verspieltes Vogelgezwitscher, das Lied der Amsel. Hin und wieder jedoch funkt die krächzende Elster dazwischen: Ihr Imperativ ist hart und bestimmt. Dass dies eine indoeuropäische Sprache ist, mag dem einen oder anderen helfen, mir nützt es nichts, ihre Wörter bleiben nur entfernte Verwandte, Fremde. Ich sehe sie, auf einem anderen Stern, in ihren bunten Gewändern tanzen.

Bruchstückhaft werde ich in dieser Nacht aber doch seine Geschichte herausfiltern. Er stammt aus Jerewan, dort traf er auch seine Frau, die nach den Massakern von Sumgait aus Aserbeidschan fliehen musste. Fast acht Jahre lang lebten sie mit ihren Kindern ohne feste Bleibe, zuletzt einige Jahre in Sevan. Dann entdeckte er diesen Platz, das Ansiedlungsprogramm der Regierung verführte ihn, er blieb, baute ein Haus. Hat endlich eine Heimat gefunden. Im nächsten

Jahr will er eine eigene Kuh anschaffen, er muss nur erst einen Zaun ziehen und einen Stall bauen. Und dann sollen auch ein paar Hühner dazu kommen. Aram, mein Paradiesvogel.

Ich bin am Ziel meiner Reise. Es dämmert. Ich habe gerade Kerzen entzündet für die Familie, für die Freunde daheim, für Volkmar, der mit dem Krebs kämpft, für Pater Jonas (Name geändert), für meine unvergesslichen Gastgeber. Jetzt noch einmal vier Kerzen für Seda, für Sona und für meine beiden Engel. Die Wandmalereien sind noch stärker verblasst als bei meinem ersten Besuch, kaum mehr lesbar. So als würden sie sich nach und nach mit ihren Geheimnissen zurückziehen vor neugierigen Blicken. Ich bin zufrieden. Draußen, es ist schon dunkel, sternenklarer Himmel, ich lehne mich an einen Khatchkar und blicke tief hinein in dieses merkwürdige, in dieses zerrissene, in dieses Zauberland. Ich sehe die Kerzen, die ich auf meiner Reise aufgestellt habe, sie brennen alle noch. Ein weiter leuchtender Bogen spannt sich über meinen Planeten. Die Pilgerreise ist beendet.

Sonntag. Heute gibt es keinen „Transport", keinen Bus, keine Marschroutka in die Hauptstadt Arzachs, nach Stepankert. Wie schön, ich werde also noch bleiben. Ich sitze auf einer sonnenbeschienenen Steinstufe und wundere mich über einen jungen Mann, der, mit einer Schaufel in der Hand, völlig unbeweglich an eine Mauer angelehnt zu warten scheint. Die ersten Pilger fahren vor. Sie schlachten ein Opferlamm. Ein gutes Stück Fleisch geht an die Männer, die gerade eine alte Mauer neu verfugen, den Rest werden sie zu Chorowatz verarbeiten, heute Nachmittag, irgendwo in Karvatchar. Mein auffällig unauffälliger junger Mann war der Gruppe gefolgt. Er vergräbt die unnützen Teile, die Köpfe, die Pfoten, die Innereien und beseitigt allzu blutige Spuren. Er wird heute gut zu tun haben. Einen kurzen Moment lang muss ich an jenen legendären assyrischen Geistlichen denken, der an selber Stelle geköpft wurde...
Ich frage die Männer aus dem Dorf, David ist auch dabei, ob sie denn wohl jeden Sonntag hier arbeiteten. Nicht jeden Sonntag, aber doch sehr oft. „Der Chef drängt, er hat es eilig!" Der Chef? Befehl von ganz oben? Nein, nein, nur der Vardapet. Ich bin beruhigt.

Eine Reisegruppe im Ford-Transit lädt mich ein, sie fahren nach Gandzasar, von dort ist es nur noch ein Katzensprung nach Stepanakert. Also

Aufbruch. Abschied. Fast 2000 Jahre Kirchenge-schichte lasse ich hinter mir, einige Fundamente dieses Klosters sollen ja noch aus der Zeit kurz nach Christi Geburt stammen. Letzte Grüße an Thaddäus und Botholomäus, die in Arzach das Christentum verbreitet haben und die damit so etwas wie die Gründungsväter Dadivaks sind. Auf Wiedersehen.

Marie von Ebner-Eschenbach: Am Ziel deiner Wünsche wirst Du jedenfalls eines vermissen - dein Wandern zum Ziel.

Als ich meinen Rucksack in den Ford hieve, pas-siert es: Die Halskette verheddert sich, reißt, mein Kreuz und das Kreuz, das ich am ersten Tag der Pilgertour in Etschmiadsin für meine Tochter gekauft hatte, landen im Gras. Ein merk-wür-diges Zeichen, oder?

So bin ich also wieder Tourist. Wie alle anderen auch. Gandzasar, für viele Experten die Voll-endung armenischer sakraler Kunst, bleibt ein Foto. Der Speicher ist voll, mehr geht nicht rein. Ich fahre weiter nach Stepanakert. Die Stadt hat sich mächtig angestrengt in den letzten Jahren. Zumindest die Fassade hat Glanz aufgelegt. Vielleicht sagen die Menschen in der zweiten Reihe, dass sich für sie nicht viel geändert habe? Der Blick von außen täuscht immer. Ich sehe ein paar Freunde aus der Zeit, als ich hier versucht habe, einigen Studentinnen deutsche Literatur näher zu bringen. Herzliches Wiedersehen mit den Dozenten. Aber schon am nächsten Tag geht der Bus nach Goris. Schahen, Neurochirurg aus Berlin, residiert dort seit mehreren Jahren als Hoteldirektor. „Mirhaw" heißt das Haus, „Fasan", nach einer sehr poetischen Erzählung des armenischen Dichters Aksel Bakunz. Und genau so, poetisch, ist das Hotel, mit allem Komfort, aber eben doch mit liebevollen Anklängen an das alte Land. Schahen zeigt mir dieses Land, es ist ganz anders als im Norden, eher bizarr die Natur, phantasievolle Felsengebilde, Höhlen, die ihre ganz eigenen Legenden bergen. Und nun hat man dort diese Seilbahn gebaut. Über fünf Kilometer lang. Weitsicht? Hochmut? Zwei Tagen Pause, dann geht es zurück nach Jerewan. Ich fahre mit drei weiteren Passagieren im Taxi. Nach Stunden, hinter der letzten Hügelkette, am Horizont die mächtigen Gipfel des Ararat. Der Berg der Arche Noah. Der Heilige Berg. Zum Greifen nah. Dieser Berg übt eine gewaltige Faszination aus, ist in die Herzen der Armenier eingebrannt wie ein ewiges Tattoo. Aber er liegt jenseits der Grenze, unerreichbar. Vielleicht ist es ja gerade das Geheimnis der Sehnsucht, dass ihr Ziel immer außerhalb unserer Reichweite liegt? Wenn es anders wäre, was bliebe vom Zauber? Andererseits: Ich bin nach Dadivank gepilgert – der Zauber ist geblieben.

Schon bald haben die Fangarme Jerewans uns im Griff. Der Kreis schließt sich. Und noch ein Wunder zum Abschluss: Das Telefon ist wieder da. Der Planet hat wieder Funkverbindung.

DER AUTOR

Gepilgert ist er schon einmal – auf dem Jakobsweg in Spanien. Daraus ist, in Zusammenarbeit
mit Koautor Philipp Alexander Schmitt, das Pil-
gertagebuch „Chorizo, Sirenen und wilde Gänse" entstanden. Verbindung mit Armenien hat
Jochen Mangelsen schon seit den späten 60er
Jahren des vergangenen Jahrhunderts, abzule-
sen nicht zuletzt an seinem Roman „Ophelias
lange Reise nach Berlin". Nun also wieder Armenien, Tagebuch einer Pilgerreise und zugleich
eine Liebeserklärung an ein höchst kompliziertes
Land. Der Autor, Jahrgang 1942, ist Journalist,
lebt und arbeitet in Bremen, war lange Jahre
Pressesprecher von Radio Bremen: „Das ist kein
Reiseführer, schon gar kein historischer oder
kunsthistorischer Essay über Armenien oder über
die armenische sakrale Architektur. Ich pilgere
nur ein wenig im Land herum und schreibe auf,
was ich sehe." Und er lädt drei junge Autoren
ein, je einen Kurzroman beizusteuern. Ein Test,
ein Experiment: Wie regieren die drei auf seinen
Pilgerbericht?

Marietta Armena stammt aus Jerewan, lebt und arbeitet als freie Künstlerin in Bremen. Sie hat bereits mehrere Lyrikbände illustriert und auch die Zeichnungen zum spanischen Pilgerbuch von Jochen Mangelsen beigesteuert. Es war besonders spannend zu erleben, wie sie, die von ihren Sammlern als „die Malerin mit dem Granatapfel" charakterisiert wird, auf einen solchen Text reagiert, der ihre Heimat mit ganz neuen Augen beschreibt. „Ich mach das nur, wenn ich dabei alle Freiheiten habe", erklärt sie, als sie gefragt wird. Eine Drohung? Ein Abenteuer! Sie begibt sich in ihren Zeichnungen selbst auf eine Reise in das unbekannte Land. Und findet auf dem Weg mit schlafwandlerischer Sicherheit tatsächlich den einen oder anderen Granatapfel: „Für die Armenierin in mir ist er Symbol der Heimat. Wo der Granatapfel ist, ist mein Zuhause."

INHALT

DIE AUSSCHWEIFUNGEN

DIE SERIEN

Titel: Surp Sarkis, Jerewan

Denis Donikian
Auch ich war in Armenien

Wanderung durch das
Hochland von Syunik.

*Aus dem Französischen von
Christa Nitsch.*

2011. 92 Seiten,
mit 14 Abbildungen.
Broschiert. € 9,80 (D)
ISBN 978-3-86320-010-7

Dieses Reisebuch ist die Beschreibung einer Wanderung auf den Wegen Armeniens, in der die Begegnung mit Landschaften, historischen Bauwerken und Menschen thematisiert wird. Doch weit davon entfernt, ein schlichter journalistischer Rechenschaftsbericht zu sein, verquickt es Liebesdichtung und ethnographische Skizze, spirituelle Suche und soziologische Fragestellung. Der Autor ist humor-voll, er kritisiert oder staunt – je nach beobachtetem Phänomen. Dadurch wird «Auch ich war in Armenien» zu einem polyphonen Lied. Der Schritt des Wanderers, sein Blick und sein Wort durchmessen eine bestimmte Region Armeniens: von der Stadt Sissian zum Dorf Tatev führt der Wander- und Leseweg durch zerklüftetes Bergland, vorbei an einsamen Weilern in unbekannte und raue Gegenden von einmaliger Suggestivität.

Ein Stück Diaspora-Lieteratur vom Feinsten.
- Bärbel Dümler, ADK 2/2011

Schahan Schahnur
Der Rückzug ohne Lied

Roman

*Aus dem Armenischen von
Samvel Ovasapian.*

2011. 200 Seiten,
Broschiert. € 16,90 (D)
ISBN 978-3-86320-011-4

Der Roman «Der Rückzug ohne Lied» erzählt die fesselnde Liebesgeschichte eines aus Konstantinopel stammenden Armeniers, der im Paris der 20er Jahre Zuflucht fand. Der Roman schockierte viele Leser der damaligen Zeit wegen seiner offen erotischen Sprache und der als Beleidigung empfundenen, die armenischen Parteien und Geistlichen kritisierenden Passagen. Der Autor wurde in den armenischen Medien angeprangert, aufgebrachte junge Armenier griffen ihn sogar tätlich an. Die folgenden Auflagen wurden zensiert, auch die 1982 zum ersten Mal in Sowjet-Armenien erschienene Ausgabe. Die vorliegende erste deutsche Übersetzung basiert auf der unzensierten und damit vollständigen Fassung.

Schahnurs Werk ist ein erstklassiges Phänomen in der armenischen Literatur des Zwanzigsten Jahrhunderts, ist reich für Untersuchungen, ist brisant, aktuell, lebhaft und tiefsinnig.

- Stepan Toptschian, Literaturwissenschaftler